関西私鉄文化を考える

金　明秀
三宅正弘
島村恭則
難波功士
山口　覚

目　次

はじめに

関西学院大学先端社会研究所副所長
関西学院大学社会学部教授
総合司会　金　明秀

司会　それでは「関西私鉄文化を考える」関西学院大学先端社会研究所のシンポジウムを開催させていただきたいと思います。

本日、司会を務めさせていただきますのは、先端社会研究所副所長、社会学部教授の金明秀でございます。よろしくお願いいたします。

先端社会研究所につきましては、後ほど所長から詳しく説明がございますけれども、基本的には「他者問題」というものを解明するための研究所でございます。それが一体なぜ、「関西私鉄文化を考える」というイベントを開催するのかということですけれども、我々、人文社会系の研究者にとっては鉄道というのは大変魅力的なメタファーの素材でございます。メタファーというのは比喩ですね。

鉄道は一体何を運んでいるのかという問いについて考えてみましょう。通常、旅客を運ぶだとか、あるいは貨物を運ぶだとか、それが本来の機能でしょう。しかし、ほかにも鉄道が運ぶものがございます。例えば、旅の気分といいますか、遠足に行くとき、電車に乗るところからワクワクしましたよね。何かそういう、それぞれの人にとっての、非日常の世界への入り口という役割を乗せて走っていたりもするわけです。言い方を変えると、夢を乗せて走っているとでもいいましょうか。

他にも、たとえば、沿線の地域のイメージを運んでいたりします。阪神間ではそれが露骨に表れていまして、阪急はハイソでおしゃれだとか。

四月にツイッターで、「有川浩さんの『阪急電車』だけど、あれってやっぱり、『阪神電車』だとオシャレじゃないのかな」とぼろっとつぶやいたら、随分たくさんの方からコメントがつきまして、「阪神電車でもマンガだったらいけそうだ」とか、「叡山電鉄は、八瀬・大原、貴船、鞍馬と、土曜ワイド劇場『京都殺人案内』とかには欠かせないスポットを走っている」とか。やはりそれぞれ沿線のイメージというものがあるわけですね。鉄道は、非常に豊かなイメージを乗せて走っている。非常に豊かな発想をかき立ててくれる素材であるということですね。

あるいは、単に夢や希望を運ぶだけでなくて、場合によっては戦車を運ぶこともある、場合によっては開発業者を運ぶこともある。「ウチは阪急しか使わへんしー」というような階層意識を運んだりもする。いわば、電車はそういう人間の欲望や業のようなものを運ぶメディアでもある。

そう、電車、鉄道はメディアなんですね。人間社会のさまざまなものを運ぶ媒体、そういうところが我々研究者を引きつけてやまないというところなのです。

そこで我々が他者と出会う手段、すなわちコミュニケーションのメディアとしても、この鉄道というものが重要な機能を果たしているではないか。少なくとも重要なメタファーになりうるのではないか。先端社会研究所ではそういう発想を持って、本日のシンポジウムを構想いたしました。

直接的には本日、それぞれの路線イメージというのがございます。先ほど阪急電車のお話しをしましたけれども、そういったものがどうやって形成されてきたのか、そういうところから話を始めまして、この人間社会を考える上で鉄道が果たす役割、またそこから我々が何を感じ取るのかというところまでたどり着けたらいいなと考えております。

島村　皆さんこんにちは。関西学院大学先端社会研究所所長の島村でございます。

さて、本日のシンポジウムの趣旨については、いま、金先生がお話しされましたとおりですが、ここでは、そもそも先端社会研究所とは何なのか、それから、本日の企画が生まれた経緯といったものについて簡単に説明させていただきます。

大学の中には学部、法学部とか文学部とか経済学部とか、そういう学部がありますが、学部とは別に全学組織で研究所というのがございます。研究所というのは、それぞれの学部等の教員が集まりまして、学部を横断して学際的な共同研究を行なう、そういう研究所です。関学には、そのような研究所として、災害復興制度研究所とか産業研究所といった研究所がありますが、これに加えて先端社会研究所がございます。

先端社会研究所の研究活動の目的は、一言で言えば、まさに先端的な社会研究を学際的に行なう、というものになりますが、より具体的には、基本的な研究テーマとして「他者問題」（二つ（以上の）の集団や社会が接触することによって、あるいは一つの集団や社会内に亀裂が生じることによって生じるさまざまな問題のこと）というものを設定し、これの解明を通して先端的な社会研究を推進する、ということをめざしております。そして、この目的の達成のために、共同研究を組織して研究活動を行なっています。

現在、先端研で走らせている共同研究は、「共生／移動」プロジェクト、「景観／空間」プロジェクト、「セキュリティ／排除」プロジェクトの三つです。この三つは相互に関連しあいながら、「他者問題」の解明をめざして活動しているわけであります。そして、実は、きょうのシンポジウムの報告者のうち、難波功士さん（社会学部教授）が「セキュリティ／排除」プロジェクトの、山口覚さん（文学部教授）が「景観／空間」プロジェクトのそれぞれ代表者であり、またわたくしが「共生／移動」プロジェクトのメンバーの一人、ということになっております。

それで、本年度のはじめのころに、この三人と、それから副所長の金さん、「共生／移動」プロジェクトの代表の荻野昌弘さん（社会学部教授）、それに、同じく「共生／移動」プロジェクトの山泰幸さん（人間福祉学部准教授）というメンバーで、あるとき議論をしていまして、それぞれのプロジェクトの専門的な研究内容というのは、これは学術論文に書いて発表していけばよいのだけれども、それとは別に、共同研究での議論の成果も踏まえながら、一般向けにもおもしろい素材で、公開シンポジウムができないだろうかという話になりました。そこで、いろいろ検討しました結果、さきほどの金副所長の話にありましたように、「メタファーとしての鉄道」という観点で、関西の私鉄文化をテーマとしてはどうだろうか、ということになりました。まあ、これは実は、この議論をしているときに、有川浩さんの小説『阪急電車』が映画化されてちょうど上映中で、それについていろいろ議論していたというのが背景にあるにはあるのですが、みなさまご存じのとおり、関西は長らく私鉄王国といわれてきましたね。国鉄のＪＲ化以後、状況に変化は生じてきていますが、その変化も含めつつ、私鉄王国関西をフィールドに、鉄道から見た社会・文化というテーマで議論をやろうじゃないか、ということになったのです。

そこで、パネリストですが、これはそれぞれのプロジェクトから一人ずつ出し、プロジェクトの日ごろの研究をふまえつつ、話題を提供する。そして、それだけではちょっと狭いので、阪神間の社会と文化にものすごく詳しい武庫川女子大学の三宅正弘さんにもご登壇いただき、さらに、鉄道アナリストの川島令三さんもお招きして基調講演をしていただいて、「関西私鉄文化を考える」と題するシンポジウムを展開しようということになったのです。

きょうの議論は、研究は研究ですけれども、扱うのは、たいへん身近で楽しい素材です。これから四時間三〇分の間、楽しく議論していただければと思います。どうぞよろしくお願いいたします。

パネルディスカッション

ケーキ・ホテル・プロ野球から阪神間を読みとく

アイデンティティ・デザインの視点から

武庫川女子大学
生活環境学部准教授
三宅正弘

私鉄とプロ野球チーム

私はパソコンも携帯電話も持ってないという全くの機械音痴なので、映像が何もありませんが。本日、急遽持ってきたのがこの帽子です。今日は学生ばかりかなと思っていたので、この帽子がどこのチームか当ててもらおうと思いますが、皆さん御存じですよね。いわゆるこの阪急・南海・近鉄という、電鉄のチームが三つあるわけですが、今、どれもなくなってしまった。私、根っからの阪急ブレーブスファンでして、私にとって非常にショッキングなことが一九八八年の、阪急ブレーブスがなくなるということでした。

我々の世代は本当にショックなことで、私はこのときにどうしようかと思いました。自分の人生というか、自慢というのが日本一強い阪急ブレーブスだったのが、なくなってしまった。電鉄というのは、チームをつくっていたが、いつの間にか全くなくなった。これは一つの使命がなくなったと電鉄が判断したのかなと思うわけです。

私は最近、研究テーマとしてアイデンティティ・デザインということを考えておりまして、なぜ、電鉄がチームをつくったか。これが一つ、沿線の人たちのアイデンティティ、その沿線の誇りをつくっていくということで、このチームをつくったということがあったのかもしれません。すっかりチームがなくなってしまったときに、自分の街の自慢ということを、何かなと思ったのです。実は、私鉄沿線というのは、これは大阪とか神戸と違って、新しい街ができてきたわけです。そこに暮らしている人たちにとって、何が大事かというと、やはり街のヒストリーだったり、そういうアイデンティティとか、そういうものがないと何か落ちつかない。そこに電鉄というのが野球チームというものをつくって、沿線の人たちの、自分たちの誇りをつくっていたのだと思うのですが、これがすっかりなくなってしまうわけです。

自己紹介を兼ねて紹介したいのですが、私は先月の八月二六日でちょうどカステラ三六五日研究が終わったところで、三六五日連続四七都道府県、つまり三六五店の自家製カステラを味わい、全国のカステラを一軒一軒回りました。毎年、実はそんなことをやっておりまして。たまたま下関に行ったときにびっくりしたことがあります。皆さん、この帽子、覚えておられますか。僕は授業では結構、阪急の話をするときはこれかぶっているのですが、昨日一四針、頭を縫ってしまって、突っ張るので、今日はちょっとかぶれないのですが。

下関でカステラを買っていてびっくりしたのが、皆さん、ベイスターズファンということがわかったのです。なぜかというと、大洋ホエールズってもともと下関にあったチームなのですね。いまだにオープン戦を一戦はするということが、まだ維持されています。非常にうらやましいなと思ったのは、ホークスとかバッファローズって名前が残っているのですが、ブレーブスはなくなっているので、非常にうらやましく思ったわけです。やっぱりそういう住んでいる人たちの我が街の自慢というのは、いかに維持していくかというのが本当に大事なことだなと。広島球場で試合を見ていると、見ている間に涙がぼろぼろ出てきたのですが、いいなと思ったのです。三代で一つのチームを応援できるという、住んでいる街の誇りがあるというのがいかに大事なことかと思っていたわけです。

「ケーキ立国日本」

私は芦屋で生まれ育ったのですが、阪急がなき後、自分の街を、何をよりどころにすればと思ったのですが、そこで思いついて、救われたのが、ケーキ屋さんの存在です。私が呼ばれる講演は、ほとんどケーキの講演で、今日は電鉄と言われて、皆さん電鉄の専門の方ばかりで、僕は場違いなところに来たなと思いました。

私が一番話す機会が多いのはケーキの話で、今日は二〇〇二年のノートを持って来ました。去年はカステラだったのですが一年一つのケーキに絞って研究をすすめています。二〇〇二年だとミルフィーユです。ケーキを通して街を見るというのが私の研究手法です。これがなぜできるかというのは、これは本当に私鉄沿線のおかげですね。実は今、「ケーキ立国日本」という本を書いているのですが、世界中でケーキ屋さんが最も多いのは断然日本ではないかと思います。ほとんど私鉄沿線の各駅にある。なぜこの形ができたかというのは、これはかつて電鉄がつくったときのアイデンティティ開発と同じように、その地域に住んでいる人、特に沿線の新しい街の人にとって、我が街の自慢というものが欲しいからではないか。そういう中で、うまくケーキ屋さんが結びついてきた。ケーキ屋さんが創業して、自分の街にできると、自分の街のことの自慢であったり、自分の街にはこんなおいしいケーキがあるとか、あるいはあなたの街にはこんなケーキ屋さんがありますねと言われると非常にうれしい。そういう関係でケーキ屋さんが伸びていった。圧倒的にこの関西の私鉄沿線の各駅というのがケーキ屋さんの最も集積しているところです。世界じゅうには鉄道が世界遺産になったところがありますけども、私は関西の私鉄というのは、今、早く世界遺産に名乗りを上げてもいいのと思うぐらい、いろんな文化の集積があると思いますが、そういうことを何点かお話ししたいと思います。

沿線地域の人の誇り

私鉄沿線の一つのキーワードというのは、新しい街ということですね。その新しい街に暮らした人というのは、やっぱり大阪とか京都とかのコンプレックスがあるとすれば、アイデンティティとか自慢、我が街自慢ですね。かつては電鉄がそういうことにうまく球団をつくったりした。一方で、市民側から、また街から出てきたものというのが、一つのケーキ文化じゃないかなと思うわけです。私はずっとこれまで二〇年間ぐらいこのショートケーキとかいろいろ見てきたのですけども、今年初めて和菓子に分類されているカステラを見ましたが、意外と京阪沿線がすごく多いです。京阪沿線というのは意外と和菓子屋さんの集積率が非常に高いのですが、この私鉄の中でも洋菓子屋さんが多い路線、和菓子屋さんが多い路線、そういうものが沿線によって非常に出てくる。この電鉄の沿線の地域の人の誇りというのは、一方で、球団のように電鉄がつくっていったものもあれば、そのなかから生まれてきた、双方向があるわけです。その一つにこういったケーキ屋さんがあるわけです。

もう一つおもしろいなと思ったのが、この私鉄文化というのはやっぱり競争によってできているということをつくづく感じるわけですね。阪神タイガースと甲子園をつくって、小林一三はそれにライバル意識を燃やして阪急ブレーブス、それと西宮球場をつくった。あるいは、今日は私、宝塚ホテルが経営するレストランでお昼をいただいたわけですが、関学のなかにホテルのレストランがあるというのはすごいなと思いました。実は阪急電鉄が宝塚ホテルをつくって、先ほど私の著書として紹介していただいた甲子園ホテルというホテルがありますが、実はこれは阪急の宝塚ホテルの後すぐ阪神が、やはり高級ホテルをということでつくったホテルです。常に文化、この沿線というのは、一方で地域の人たちが、地域の人たちのアイデンティティに寄与するような産業、ビジネスが生まれていったり、一方で、鉄道側はそういうチームであったり、ホテルをつくった。ホテルというのは、今でもそうですけども、その沿線の迎賓館です。南海ではサウスタワーホテルがあり、近鉄は都ホテルというように、電鉄会社というのはそろってそういう迎賓館、沿線の迎賓館をつくっていったわけです。私にとってプロ野球、それ

御影石の景観（芦屋市内）

御影石の景観（神戸市東灘区内）

からケーキ、それからホテルというのが結びつくのは、そういう地域の人たちの我が街自慢とか、誇りとか、そういうものなのかなと思います。

そういう切磋琢磨した沿線文化というのが、いろんなストックをつくっていると思います。今日、お配りしたカラーのプリントで、この沿線にどういう関係かと皆さん思うかもしれませんが、この住宅地の景観を見ていただきたいのですが、この石はさっきそこで拾った石なのです。六甲山の石って皆さん何色か御存じですか。六甲山の石というのは、珍しく桜が咲いてるピンク色をしているのです。皆さん、甲東園に帰られるときに住宅地の石垣を見ていただきたいのですが、ピンクの粒が必ず入っています。これは本御影石と言われる石です。この阪急沿線、阪神沿線の特徴的な景観というのが、この写真にある御影石の景観です。

こうした風景は、最近の不動産広告、マンション広告には必ず入っている風景ですが、阪神間モダニズムを象徴するということで載せられているようです。これは後で島村先生から、近鉄沿線の住宅地のお話があるようですが、近鉄沿線も全く似たような景観ですが、よくみると石が違います。皆さん何石か御存じでしょうか。近鉄沿線、学園前も八尾のあたりも、近鉄が開発した住宅地みんな同じ石を使っています。生駒石という黒い石です。これは近鉄沿線の近鉄が開発した住宅地を飾っています。阪神間の住宅地を見比べると、この石の色が違うだけなのです。石垣の上にあるカイズカイブキの生垣は同じですが。

豊臣時代の大阪城というのは秀吉がつくったとき、生駒石と六甲山の石と、この二つでつくったと言われています。秀吉のデザインとモダニズムのデザインには共通するものがある。それが今、住宅地の中に、阪神・阪急沿線は御影石、近鉄沿線は生駒石というように、いまだにそういう大大阪という系譜はこの私鉄沿線に非常に伝わっているような気がして、こういう都市の文化遺産としても非常に有効かなと思います。

私鉄文化とホテル建築

もう一つ紹介したいのがこのホテルです。見ていただきたいのですが、このホテルは阪急が宝塚を開発して宝塚ホテルをつくって、逆に今度阪神が対抗して甲子園というリゾート地をつくったわけですね。そこに建てたホテルです。これができたとき、関西の迎賓館となったわけです。関西一のホテルというものをつくったわけです。今、文化遺産になって、武庫川女子大学がキャンパスとして使っている

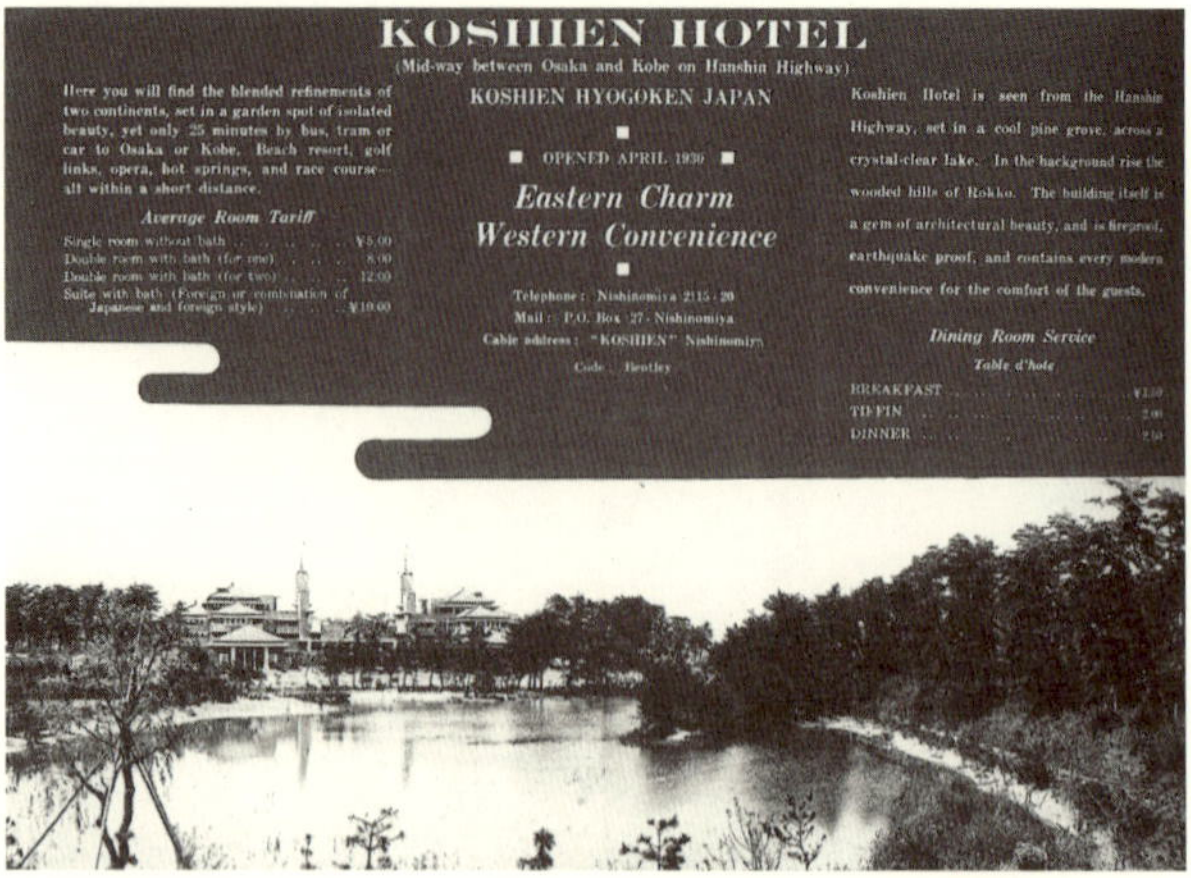

甲子園ホテルパンフレット（武庫川女子大学所蔵）

ところです。

私は根っからの阪急ブレーブスファンですが、この私鉄文化というところを見るなかで、今、阪神沿線の学校にいるので阪神のお話をしたいなと思います。このホテルは日本のホテルで「東の帝国ホテル、西の甲子園ホテル」と言われたそうです。実は関西一と言われたホテルは、阪神がつくったわけです。電鉄がつくっていったもののなかで、阪急ブレーブスも西宮球場もなくなりましたが、意外と、阪神がつくった甲子園球場、それからこの甲子園ホテル、これらは今、それぞれ文化財として残っている。私鉄文化というのは一方で消えていくものもあるわけですけど、阪神というのは不思議と、クラシックなものをつくっている。日本一のホテルをつくるという、そういう意気込みがある。今、旧甲子園ホテルは見学ができますので、大学のほうに申し込んでいただきますと、私が授業のない時間は御案内させていただきます。ぜひ御連絡いただければ幸いです。当時のままのホテル建築が残っています。

私鉄文化というのは、モダニズムのなかでいろんな遺産を残していったわけですが、今、少しずつなくなっているというところもあります。この時点で何とか世界遺産に登録するなり、何かの形でこの関西の魅力として活かしたい。最近、観光というところで、普通の日常的な乗客だけでないお客さんをどう取り込むかという時代ですが、こういう私鉄文化というくくりで、いろんなものを少しまとめる必要があるのかなという気がします。最近はクラシックなイメージというのは、すっかり阪急電鉄がそういうイメージを獲得していますが、実は阪神という会社は不思議と、甲子園球場にしても、世界的な作品を残していくということをやっている。なかでも、クラシックはイコール阪急だけでなしに、クラシックイコール阪神とも考えたい。私はこういう阪神を見ていると、いろんなものが見えてきたわけです。

甲子園ホテルと水辺（武庫川女子大学所蔵）

今、学生と研究しているのが、京阪の香里園の研究です。実は香里園というのは、阪神のこの香櫨園のネーミングをとって香里園とつけたようですが、学生と調べていてびっくりしたのは、実は単なるコピーではないのです。もともと香里園のあたりというのは近世以前からコオリ（郡）というその地名に、モダニズムの香里園という名前を当てたものです。結果的に、古くなった地名のコオリの音色がよみがえった。過去の遺産をモダニズムで再生させている。近鉄はこの生駒石の話をしましたが、実は南海・阪神・阪急・京阪も非常にモダニズムの遺産というのをたくさん持っているので、この時点で一回整理をして、一つのモダニズムの遺産としてもしっかり位置づける必要があるのかなと感じております。

パネルディスカッション

「学園前」と「学研都市」

――丘陵開発をめぐる〈民〉と〈官〉

関西学院大学先端社会研究所所長
関西学院大学社会学部教授
島村恭則

一　戦前期大阪の郊外住宅地

近畿日本鉄道（近鉄）奈良線の電車は、難波を出ると東に向かい石切からトンネルに入って生駒山を抜け、奈良方面に向かいますが、新生駒トンネルを出て生駒、東生駒、富雄と進んでいくと、「学園前」という駅に着きます。一方、生駒山地の北麓には、山麓に沿う形で、ＪＲ学研都市線（片町線）の線路が走っています。学研都市線は、西のほうから生駒山地の山麓を北東方向に進み、そのあと木津まで南下してきます。これら近鉄奈良線とＪＲ学研都市線、この二つの線路で囲まれた地域が丘陵地帯になるわけですが、きょうの話は、この丘陵地帯開発の地域性についてです。

さきほどの三宅先生のお話は阪神間の郊外住宅地についてのものでしたが、まさに大阪近郊の戦前の郊外住宅地というのは、この阪神間から始まっているわけです。まず、一八七四年（明治七）に官営鉄道の大阪・神戸間（現在のＪＲ神戸線）が開通しておりまして、最初、住吉の邸宅街ができる。ＪＲ住吉駅の近く、住吉川の東側にオーキッドコートという超高級マンションがございますが、あそこはのちの日立製作所や日産コンツェルンにつながる久原財閥をつくりだした久原房之助さんという方の邸宅、久原邸の跡地の一部ですね。それから、阪急電車が住吉川を渡りまして、岡本から御影に向かっていくところでカーブがございますよね、あそこはあまりスピードを上げられないところなのだそうですが、そこに何があるかというと旧村山龍平邸、その一部が香雪美術館になっていますが、つまり村山龍平、朝日新聞の創業者で、号が香雪だったんですけれど、この村山さんの旧邸宅と村山さんが収集した美術品を収蔵、展示する美術館、があって、そこを迂回しているわけです。こうした人々をはじめ多くの財界人が住んだ住吉の邸宅街が形成され、そして一九一〇年（明治四三）の箕面有馬電気軌道（現在の阪急宝塚線）開通と、同年の池田室町住宅の開発から始まって、阪神間（や北摂）で郊外住宅地がつくられていくわけです（表1参照）。

ただし、郊外住宅地が阪神間、阪急沿線でしか開発されなかったのかというとそうではない。表1にあるとおり、阪神はもとより、南海や京阪も住宅開発をしていますし、現在の近鉄につながります大軌という会社、大阪電気軌道ですね、これも住宅開発を行なっている。きょうの報告でとくに注目したいのは、この大軌なんですが、小阪とか、瓢簞山とか、額田山荘とかを戦前期に郊外住宅地として開発し

表1　郊外住宅地の沿線別の開発推移

当時の線名	箕面有馬	阪神（含 北大阪線）	大阪電軌	阪神急行	南海	京阪	阪神急行	新京阪（含 北大阪電鉄）	大阪鉄道	阪和（含 開業前分）	南海高野	参宮急行
現線名	阪急宝塚、箕面線	阪神本線	近鉄奈良線	阪急神戸線	南海本線	京阪本線	阪急今津線	阪急京都線、千里線	近鉄南大阪線	JR 阪和線	南海高野線	近鉄大阪線
開業年	1910	1905	1914	1920	1885	1910	1921	1928（1921）	1923	1929	1898	1924
1910	室町											
1911	桜井	（北大阪）										
1912	服部											
1913												
1914	豊中第一、鶴之荘											
1915	岡町、雲雀丘、箕面											
1916												
1917	花屋敷		小阪									
1918	満寿美			夙川香枦園 甲陽園								
1919				苦楽園	浜寺							
1920	新屋敷、新豊中				高師浜							
1921				岡本		森小路						
1922										（鶴ヶ丘）		
1923							甲東園	（十三）				
1924	石橋、石橋荘園				松ノ浜		仁川、宝来園	（春日の里）	恵我之荘			
1925	牧落			稲野				（千里山）				
1926						香里園			藤井寺			
1927	花屋敷			昭和園		朝日ヶ丘		桂駅前				
1928	新花屋敷、精常園	甲子園						桜ヶ丘	矢田、高見ノ里			
1929	千里園	浜甲子園	瓢箪山				中州荘園	南方、相川、西日向	古市白鳥園	黒鳥山荘		
1930	清風荘、花屋敷		瓢箪山	甲風園			百合野荘	大学前、神崎川		上野芝向ヶ丘		
1931	曽根、宝塚高台、 御殿山、多田					牧野	上高地				大美野	
1932	永楽荘、温室村		額田山荘	伊丹高台						上野芝霞ヶ丘 聖ヶ丘、砂川		
1933	豊中第二、東豊中							瑞光、吹田町				
1934	松頼園、蛍池、 清荒神、南天荘			塚口、伊丹 養鶏村							初芝	住友山本、 山本
1935	雲雀丘、桜ヶ丘			新伊丹			仁川高台	豊津、高槻、高槻松 原、桂川岡、西京極				
1936	呉羽の里、雲雀丘		小阪	園田				花壇前、総持寺				
1937	箕面	野里		武庫之荘								
1938			菖蒲池	御影						富士の里、 泉ヶ丘	青葉丘	
1939												
1940											狭山	

出典：水内俊雄・加藤政洋・大城直樹『モダン都市の系譜——地図から読み解く社会と空間』（ナカニシヤ出版、2008）より引用。

ている。先日、額田山荘に行ってみましたら、やはり駅の前に、いわゆる戦前の郊外住宅地によく見られたロータリーがありました（写真1）。それから、一九三〇年代後半になると、菖蒲池も郊外住宅地として開発されています。ですから、近鉄もやっていないわけではないんですが、しかしながらやはり、表1を見ればわかるように、もうとにかく阪急がすごいということがわかるわけですね。

写真1　近鉄奈良線額田駅前のロータリー

二　遅れてきた郊外住宅地――「学園前」

さて、戦後の話になりますが、戦後すぐに、近鉄は「学園前」の住宅地開発に乗り出します。おもしろいのは、これは、地理学の松田敦志さんが論文の中で書かれていることですが、(1)戦前の近鉄（大軌など）は、主要な収入源としては、聖地巡拝ですね、橿原神宮、神武天皇陵、それから伊勢参宮という、大和・伊勢の聖地をめぐる聖地観光があって、あえてリスクをとってまで住宅開発、不動産部門の経営をしていく必要はなかったのだというのです（写真2、写真3）。

ところがですね、一九四五年、敗戦でどうなったかとい

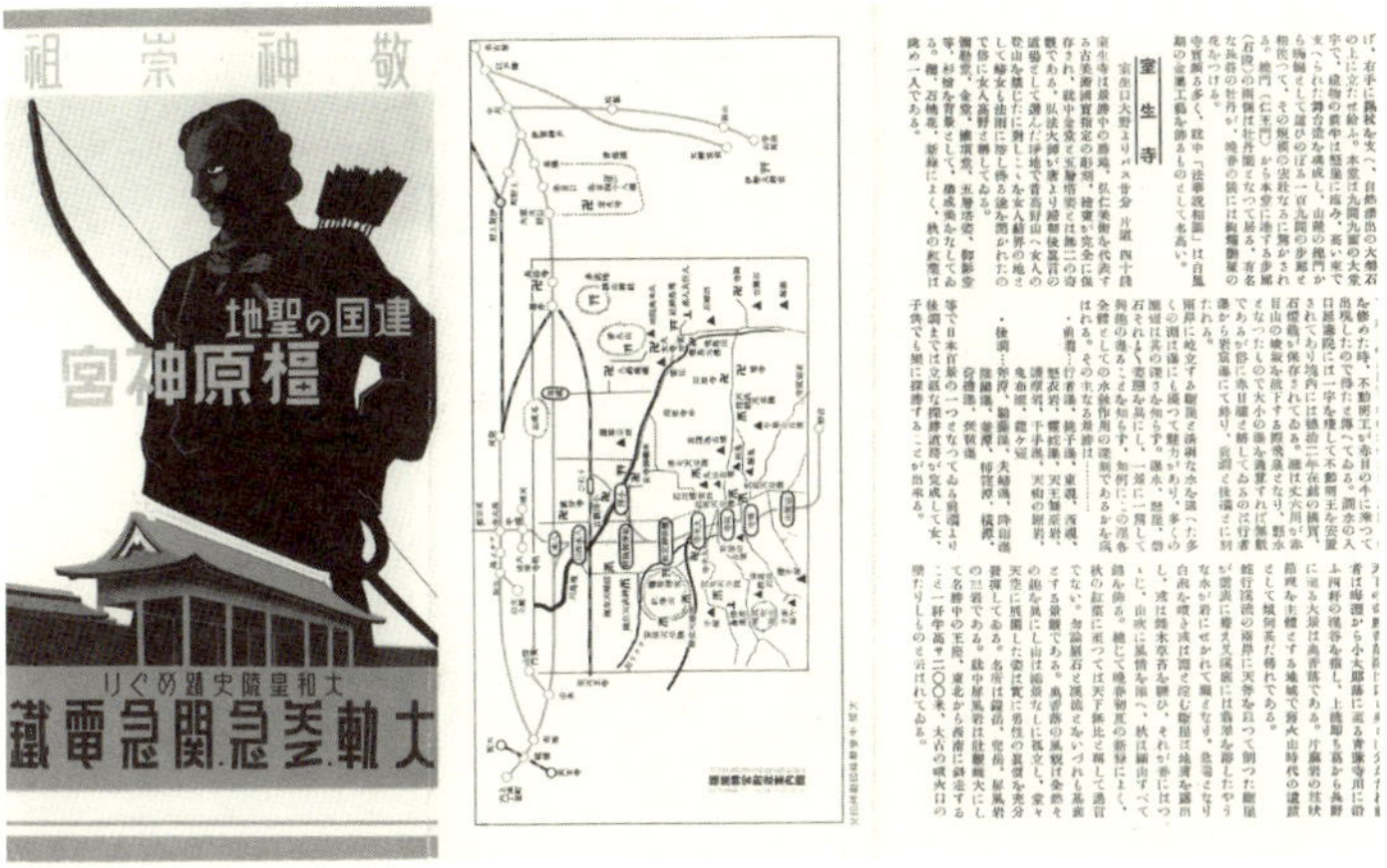

写真 2 「大和皇陵史蹟めぐり」パンフレット（大軌参急関急電車）
島村恭則蔵

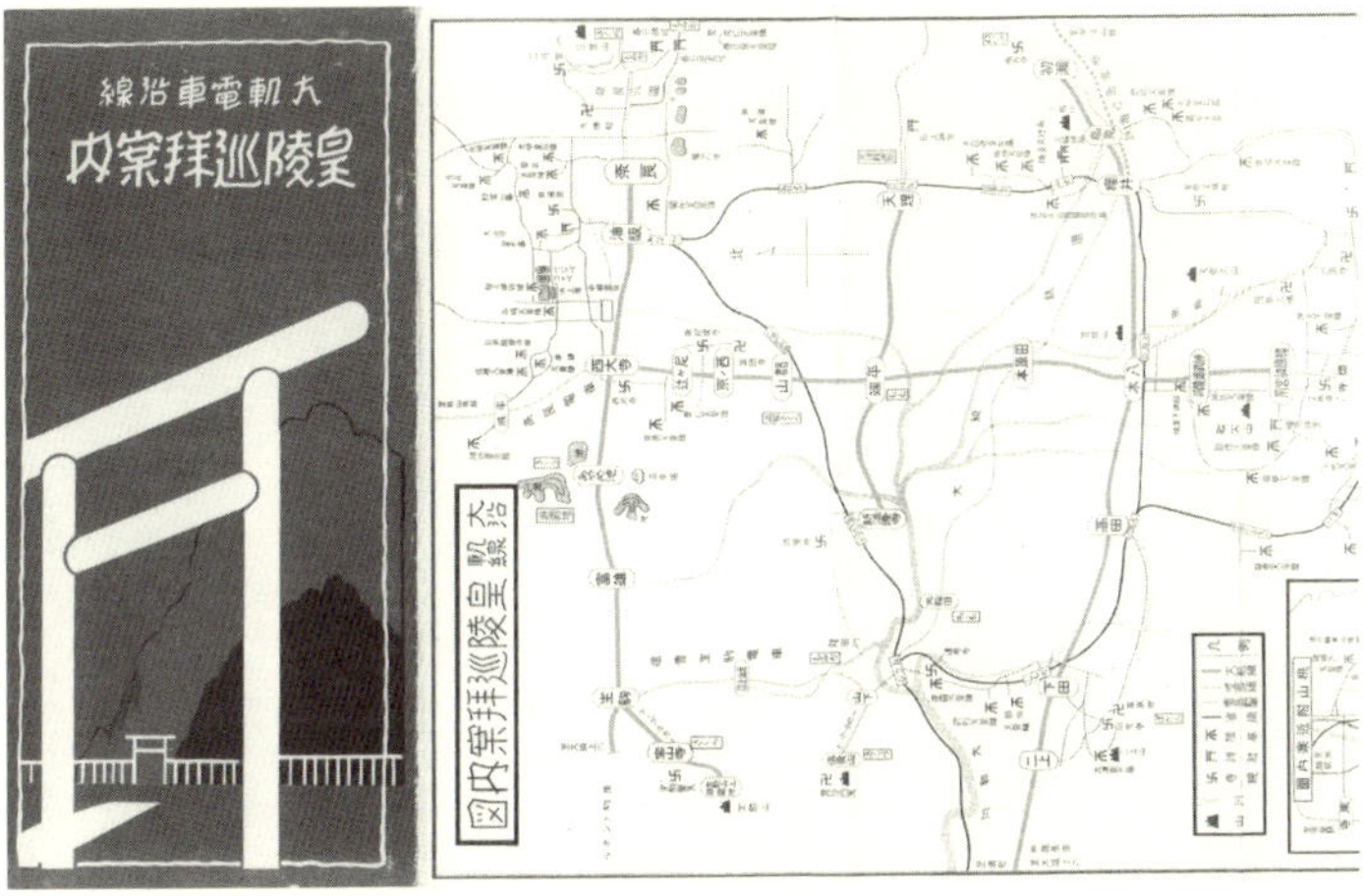

写真 3 「大軌電車沿線皇陵巡拝案内」パンフレット（大阪電気軌道）
島村恭則蔵

うと、ここから先はわたしの推測ですが、敗戦直後で、しかも進駐軍がいるときに、今までと同じような聖地巡拝では商売することができない。一方で、戦後の住宅需要はきわめて大きい。そこで、遅れ馳せながら近鉄も本格的な郊外住宅地開発に乗り出すことになり、そうして開発に着手したのが「学園前」だったのだろうと考えています（その後、しばらくすると大和・伊勢は再び近鉄の観光経営のフィールドになるわけですけれども）。

そこで、表2を見てみると、「学園前南」の開発が一九五〇年（昭和二五）ですね。そして「学園前北」が一九五六年（昭和三一）、「百楽園」が一九五九年（昭和三四）というように、五〇年代に「学園前」周辺が開発されてゆく。この場合、注意したいのは、戦後のいわゆるニュータウン開発との違いです。千里ニュータウンは一九六二年（昭和三七）の、泉北ニュータウンは一九六七年（昭和四二）のそれぞれ「まちびらき」となっています。つまり、いわゆる戦後のニュータウンというのは六〇年代から開発されてゆくわけですね。それに対して、近鉄の「学園前」というのは、戦後の開発ではあっても、ニュータウンよりは早い時期に開発が行なわれている。そしてまた、その開発コンセプトは、「戦後」というよりは、「戦前型」の郊外住宅地開発に近いものだったのではないか。

そこで、次の引用をご覧ください。これは西山夘三さんという京大の教授だった、建築家で建築学者だった、建築の方面ではものすごい大家の方ですけれども、この方がかつて書かれたものの引用です。(2)

・戦後の関西での電鉄の住宅開発、なかでも高級分譲住宅の供給で最も注目されるのは、近畿日本鉄道の「学園前」開発である。

・近鉄では大阪周辺の住宅地としては従来ほとんど評価をされなかった自社の沿線のイメージアップの原動力にしようとして、戦前この新設駅の南側にうつってきた帝塚山中学（そこから「学園前」という駅名が生れているが）と若干の旧い住宅地しかなかったこの地に、一九五〇年（昭和二五）頃から大々的な住宅開発をはじめ、住宅金融公庫の発足とともに公庫融資を利用して持家を建設しようとする人びとに宅地を造成・斡旋し、設計監理を引きうけ手続きを代行するといったサービスをはじめ、一九五三年までに四万坪の宅地分譲をおこなった。

・（近鉄の「学園前」開発には─引用者註）かつて阪神間で高級住宅地といえば芦屋の山手が代表していたのに対して、沿線のイメージアップへの願いが込められていた。学園前の住宅開発が次第に駅からとおくなっていくにつれ不便で不利な条件がかさなってきたとき、当事者の間には不便だからより下層の人びとのために小さな宅地開発をして売ろうといった構想もあったようである。しかし池のある風景を利用し、将来のモータリゼーションも考えて、大きな三〇〇坪程度の敷地をとり、飛躍的なイメージアップによってかえって高級住宅にしようとする方向がとられたのであった。そのため、外国の住宅地をまねて、生垣以外の障壁はつくらせないことにし、またキイポイントになる所には建築家の設計になる高級住宅をはじめから配置し、環境づくりに力をいれた。

・むろん気候条件から言えば阪神間の山の手にくらべるべくもないが、しかし、過密化と過度集積による阪神間の環境悪化が、生駒山を一つへだてたこの地を、その点でも地上げすることになった。学

1980年

No.	名称	まちびらき年	開発規模	事業主体	所在府県	所在市
44	南海橋本林間田園都市	1980年	671ha	南海電気鉄道	大阪府	橋本市
45	萩の台	1980年	34ha	近鉄不動産	奈良県	生駒市
46	北摂三田フラワータウン	1981年	337ha	兵庫県	兵庫県	三田市
47	西神ニュータウン	1982年	1,818ha	神戸市	兵庫県	神戸市
48	南海美加の台	1984年	149ha	南海電気鉄道	大阪府	河内長野市
49	藤原台	1985年	280ha	都市再生機構	兵庫県	神戸市
50	猪名川パークタウン	1986年	214ha	三菱地所	兵庫県	猪名川町
51	西京・桂坂	1986年	130ha	西洋環境開発	京都府	京都市
52	阪急名塩南台	1987年	67ha	阪急不動産	兵庫県	西宮市
53	関西学術文化都市　平城・相楽地区	1987年	613ha	都市再生機構	京都府・奈良県	精華町、木津川市、奈良市
54	北摂三田ウッディタウン	1987年	598ha	都市再生機構	兵庫県	三田市
55	白庭台	1988年	59ha	近畿日本鉄道・近鉄不動産	奈良県	生駒市
56	箕面小野原	1988年	21ha	阪急電鉄	大阪府	箕面市
57	東御蔵山住宅	1989年	23ha	京阪電気鉄道	京都府	宇治市
58	関西学術文化都市　木津川台区	1989年	125ha	近畿日本鉄道等	京都府	木津川市
59	関西学術文化都市　田原地区	1990年	127ha	都市再生機構	大阪府	四條畷市
60	西宮名塩ニュータウン	1991年	243ha	都市再生機構	兵庫県	西宮市
61	鹿の子台	1991年	220ha	都市再生機構	兵庫県	神戸市
62	トリヴェール和泉	1992年	370ha	都市再生機構	大阪府	和泉市
63	関西学術文化都市　祝園地区	1992年	203ha	都市再生機構	京都府	精華町
64	京阪東ローズタウン	1992年	159ha	京阪電鉄	京都府	京田辺市・八幡市
65	北摂三田カルチャータウン	1992年	150ha	兵庫県	兵庫県	三田市
66	阪急宝塚山手台	1993年	189ha	阪急不動産	兵庫県	宝塚市
67	神戸・花山手住宅地	1994年	39ha	阪神電気鉄道	兵庫県	神戸市
68	菊見台	1995年	52ha	近鉄不動産	奈良県	平群町
69	ローズビレッジ美濃山	1995年	30ha	京阪電気鉄道	京都府	八幡市
70	西宮名塩さくら台	1996年	50ha	阪急不動産	兵庫県	西宮市
71	レークピア大津	1996年	188ha	都市再生機構	滋賀県	大津市
72	阪南スカイタウン	1996年	171ha	大阪府企業局	大阪府	阪南市
73	学園山手	1997年	66ha	近鉄不動産	三重県	名張市
74	関西学術文化都市　木津南地区	1997年	284ha	都市再生機構	京都府	木津川市
75	花吉野ガーデンヒルズ	1998年	103ha	近畿日本鉄道	奈良県	大淀町
76	南海くまとりつばさが丘	2000年	65ha	南海電気鉄道	大阪府	熊取町
77	香芝高山台	2000年	43ha	近鉄不動産	奈良県	香芝市
78	関西学術文化都市　精華台地区	2000年	158ha	京阪電気鉄道等	京都府	精華町
79	西白庭台	2002年	34ha	近鉄不動産	奈良県	生駒市
80	国際文化公園都市	2004年	743ha	都市再生機構等	大阪府	箕面市、吹田市
81	ガーデンシティ舞多聞	2006年	108ha	都市再生機構	兵庫県	神戸市
82	水と緑の健康都市	2007年	314ha	大阪府	大阪府	箕面市

出典：成田孝三「京阪神大都市圏の地域構造、空間構成の特徴――三極構造から多極型ネットワーク構造へ」広原盛明・髙田光雄・角野幸博・成田孝三編著『都心・まちなか・郊外の共生――京阪神大都市圏の将来』（晃洋書房、2010）より引用。

表2　京阪神大都市圏における主要なニュータウン・住宅地開発（20ha 以上）

1950－1959 年

No.	名称	まちびらき年	開発規模	事業主体	所在府県	所在市
1	学園前南	1950 年	29ha	近畿日本鉄道	奈良県	奈良市
2	武庫山	1950 年	28ha	阪急電鉄	兵庫県	宝塚市
3	学園前北	1956 年	30ha	近畿日本鉄道	奈良県	奈良市
4	逆瀬川高台	1958 年	48ha	阪急電鉄	兵庫県	宝塚市
5	香里団地	1958 年	155ha	日本住宅公団	大阪府	枚方市
6	百楽園	1959 年	22ha	近畿日本鉄道	奈良県	奈良市

1960－1979 年

No.	名称	まちびらき年	開発規模	事業主体	所在府県	所在市
7	近鉄登美ケ丘住宅地	1960 年	230ha	近畿日本鉄道	奈良県	奈良市
8	鹿塩	1960 年	20ha	阪急電鉄	兵庫県	宝塚市
9	生駒台	1962 年	26ha	近畿日本鉄道	奈良県	生駒市
10	能勢古川	1962 年	26ha	阪急電鉄	兵庫県	川西市
11	千里ニュータウン	1962 年	1,160ha	大阪府企業局	大阪府	豊中市・吹田市
12	宇治御蔵山	1963 年	23ha	京阪電気鉄道	京都府	宇治市
13	千代田	1963 年	23ha	南海電気鉄道	大阪府	河内長野市
14	西大寺	1964 年	29ha	近畿日本鉄道	奈良県	奈良市
15	桔梗ケ丘	1964 年	223ha	近畿日本鉄道・近鉄不動産	三重県	名張市
16	明舞団地	1964 年	196ha	兵庫県等	兵庫県	神戸市・明石市
17	右京の里	1966 年	25ha	阪急電鉄	京都府	京都市
18	枚方さつき丘	1966 年	23ha	京阪電気鉄道	大阪府	枚方市
19	交野さくら丘	1966 年	22ha	京阪電気鉄道	大阪府	交野市
20	上牧	1967 年	20ha	阪急電鉄	大阪府	高槻市
21	阪急北ネオポリス	1967 年	173ha	大和団地	兵庫県	川西市
22	泉北ニュータウン	1967 年	1,557ha	大阪府企業局	大阪府	堺市
23	東生駒	1968 年	93ha	近鉄不動産	奈良県	生駒市
24	狭山ニュータウン	1968 年	230ha	南海電気鉄道	大阪府	狭山町
25	くずはローズタウン	1968 年	158ha	京阪電気鉄道	大阪府・京都府	枚方市・八幡市
26	関谷	1969 年	37ha	近鉄不動産	奈良県	香芝市
27	藤の木	1970 年	26ha	近鉄不動産	奈良県	奈良市
28	須磨ニュータウン	1970 年	239ha	神戸市	兵庫県	神戸市
29	男山団地	1970 年	186ha	日本住宅公団	京都府	八幡市
30	小山田総園	1971 年	25ha	南海電気鉄道	大阪府	河内長野市
31	真弓	1973 年	74ha	近鉄不動産	奈良県	生駒市
32	南海熊取ニュータウン	1973 年	74ha	南海電気鉄道	大阪府	熊取町
33	阪急宝塚逆瀬台	1973 年	35ha	阪急不動産	兵庫県	宝塚市
34	富雄南	1973 年	32ha	近鉄不動産	奈良県	奈良市
35	大和真美ケ丘ニュータウン	1973 年	298ha	住宅・都市整備公団	奈良県	香芝市・広陵町
36	箕面間谷	1974 年	25ha	阪急電鉄	大阪府	箕面市
37	びわ湖ローズタウン	1974 年	195ha	京阪電気鉄道	滋賀県	大津市・滋賀町
38	阪急日生ニュータウン	1975 年	254ha	日本生命、新星和不動産	兵庫県	川西市・猪名川町
39	朝倉	1976 年	60ha	近鉄不動産	奈良県	桜井市
40	諾否ニュータウン	1976 年	260ha	京都市	京都府	京都市
41	金剛東ニュータウン	1976 年	231ha	住宅・都市整備公団	大阪府	富田林市
42	阪急池田伏尾台	1978 年	76ha	阪急不動産	大阪府	池田市
43	茨木サニータウン	1978 年	124ha	昭和上地開発	大阪府	茨木市

園前は「新しい芦屋」のイメージを得ることに成功したといえる。・(「学園前」開発は――引用者註) 戦前の阪急電鉄の建売りが関西の中流住宅の新しい形成に果したと同じような役割を新しい段階において展開したともいえるのである。

右に引用した西山さんの文章を読むと、学園前は、やはり戦前型郊外住宅地に近い住宅地だと判断できるのではないでしょうか。少なくとも、戦後のニュータウンとは一線を画していると考えられます。

戦前の郊外住宅地と戦後のニュータウンとの違いについては、広原盛明氏がわかりやすく説明しています。それによると、近代の「郊外居住」というのは、「戦前郊外居住」と「戦後郊外居住」に分けられ、前者は、「比較的少数の上層ミドルクラスを中心に形成された『郊外居住』」で、その住宅地は、「資産家、資本家、上層サラリーマンなどを中心とする『ブルジョア・ユートピア』」と「その『普及版』として形成されたミドルクラスの郊外住宅地」だといいます。一方、後者は、「高度経済成長期の大都市圏への爆発的な人口集中を契機にして形成され、その後の全国的な都市化と郊外化の波に乗って労働者・サラリーマン層の大衆的な居住様式として全国に普及した」「郊外居住」で、その住宅地は、高度経済成長期に「大都市圏郊外に大規模かつ集中的に展開され」た団地・ニュータウンであるとされています。(3)

この説明とさきの西山氏の文章をあわせて考えれば、「学園前」、とりわけ戦後間もない時期、一九五〇年代に開発されたあたりですが(4)、は「戦前郊外居住」そのものではないにしても、それに近い居住・開発様式だったといえると思います。

それから、「学園前」という地名。これは記号ですよね。「学園前」という記号。「学園前」というのは、つまり帝塚山学園前。「帝塚山」というのは、南海電車の帝塚山（大阪市阿倍野区・住吉区）、ここは近代になって船場の豪商の別荘や邸宅がつくられた高級住宅地ですが、ここにできた学校が帝塚山学院。そして、一九四〇年（昭和一五）、帝塚山学院創立二五周年と皇紀二六〇〇年の記念に、帝塚山学園という男子一貫校を新たにつくろうということになり、それを近鉄が誘致して「学園前」の地に一九四一年（昭和一六）、旧制帝塚山中学校（法人名は帝塚山学園）が開校したということなんですね。記号論的に言うと、「学園前」＝「帝塚山学園」＝「帝塚山学院」＝「帝塚山」＝「高級住宅地」ということになり、つまり、「学園前」は「第二の帝塚山の邸宅街」みたいなイメージが喚起されてもおかしくなかったのではないかと考えるわけです（写真４）。

写真４　学園前駅（駅名表示と帝塚山学園の広告）

三　片町線と祝園弾薬庫

ところで、今度はＪＲ学研都市線、正式には現在も片町線と呼ぶそうですが、この片町線とは何かというと、寝屋川水運、舟運だった寝屋川が陸上交通に変わりまして、野崎観音や楠木正行を祀る四條畷神社への参詣鉄道でした。当初の社名は、「浪速鉄道」です。

鴻池新田会所というところが去年「片町線ノスタルジー」というたいへんすばらしい展示をされまして、その解説図録が刊行されていますが、[5] その内容に助けられながら説明していきますと、浪速鉄道は一八九七年（明治三〇）に関西鉄道に合併され、一八九八年（明治三一）には、それまでの片町・四條畷間の路線が、四條畷以東へと接続されました。そうすると、四條畷から奈良県側に出て、木津経由で名古屋まで行けるようになったのですが、さらにその後、四條畷から東に陸軍造兵廠香里製造所（火薬を製造）、それから禁野火薬庫というのができまして、ここと今の大阪城公園のところにあった大阪砲兵工廠（東洋一の兵器工場でした）とをつなぐ形で、軍事鉄道としての機能も果たすようになりました。

そうしているうちに、この禁野火薬庫で一九三九年（昭和一四）に大爆発が起きました。周囲の村落も壊滅状態で死者が九四人出るという大事故だったのですが、その直後に、その先の祝園、祝園という駅が学研都市線にありますが、祝園に祝園弾薬庫というのをつくって火薬庫をそこに移したんですね。

この祝園弾薬庫というのは、実はそのまま現在も自衛隊の祝園弾薬支処（陸上自衛隊中部方面隊第三師団関西補給処祝園支処）になっています（写真5、写真6）。そして、この祝園弾薬支処が、次に述べる「学研都市」のちょうど中央部に位置しているという事実があるのです。

写真5　陸上自衛隊祝園分屯地入り口

写真6　陸上自衛隊祝園分屯地

四　関西文化学術研究都市

参詣鉄道からはじまって、軍事鉄道の機能を持つようになり、また軍事施設以外は、沿線は農村と山林ばかりで郊外住宅地開発も行なわれずにいたというのが、一九八〇年代になるまでの国鉄片町線の歴史でした。それが八〇年代になりまして、沿線で関西文化学術研究都市（「学研都市」）の開発がはじめられる。「学研都市」というのは、関西文化学術研究都市建設促進法という法律にもとづいて行なわれる国家プロジェクトとしての大規模地域開発事業です。(6)「学研都市」の地理的位置、これは「学園前」から見ると、ちょうど北側にあたる地域です。「学園前」からまっすぐ北上すると「学研都市」に出る。そういう位置関係にあります。

この「学研都市」開発が八〇年代後半以降どんどん行なわれていきまして、その中に、国立国会図書館関西館ができたり、奈良先端科学技術大学院大学ができたり、そしてまた学研都市内部に住宅地としてのニュータウンもつくられていくわけです（写真7、写真8）。そしてまた、独立行政法人雇用・能力開発機構が運営していた「私のしごと館」──「ハコモノ」「天下り法人」「採算度外視の放漫運営」といってマスコミにさんざんたたかれ、二〇一〇年三月に閉館しましたが、こういったものもできていった（写真9）。国鉄、軍事、「学研都市」、これは一言でいえば、「官」の世界ということになるでしょう。

一方の、学園前は、私鉄の開発した、戦前型に近い郊外住宅地。しかも、ここには住宅のみならず、

写真7　近鉄ニュータウン木津川台(「学研都市」の一角にある)

写真8　近鉄ニュータウン木津川台(「学研都市」の一角にある)

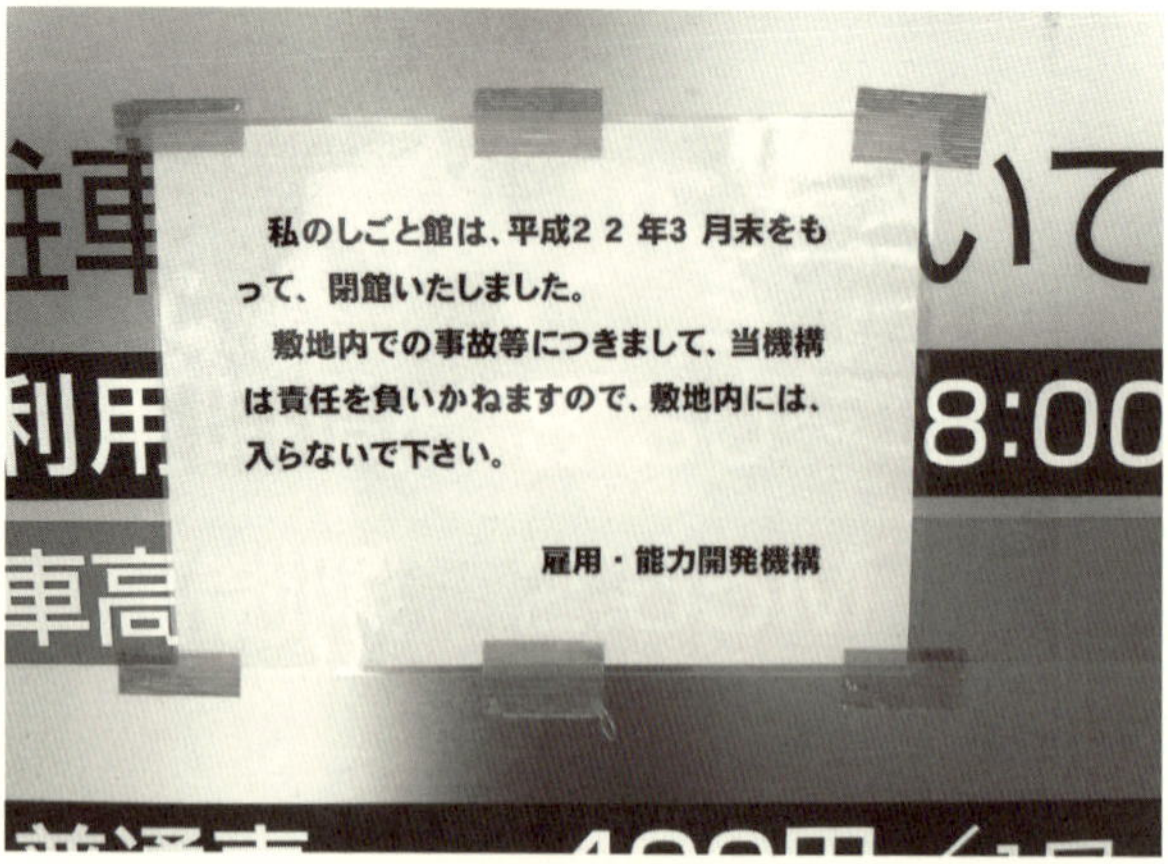

写真９ 「私のしごと館」の閉館を知らせる貼紙

松伯美術館[7]や大和文華館[8]など電鉄系文化施設も立地しています。こうしたことからすると、これはもうやはり「学園前」は「民」の世界そのものですね。こういう対照的な世界が生駒山東麓の丘陵地帯に展開しているということになります。なお、ちなみにこの〈学研都市＝「官」の世界〉と〈学園前＝「民」の世界〉の間には何があるかというと、これがいわゆるロードサイドショップが並ぶ画一的な無個性ファストフード的景観です。[9] 以上のような構図が現在のこの地域一帯の景観であるといえます。

注

（1）松田敦志「大阪電気軌道による郊外住宅地開発」浅野慎一・岩崎信彦・西村雄郎編『京阪神都市圏の重層的なりたち――ユニバーサル・ナショナル・ローカル』（昭和堂、二〇〇八）。
（2）以下の引用はすべて、西山夘三『日本の住まい（第Ⅱ部）』（新住宅、一九七三）による。
（3）広原盛明「京阪神大都市圏再生への生活者・居住者視点」広原盛明・髙田光雄・角野幸博・成田孝三編著『都心・まちなか・郊外の共生――京阪神大都市圏の将来』（晃洋書房、二〇一〇）。
（4）「学園前」開発は一九六〇年代以降も進められていったが、学園前駅から周辺部に開発が進んでゆくにつれて、いわゆる「戦後郊外居住」型ニュータウンの開発も行なわれていった。
（5）鴻池新田会所編『片町線ノスタルジー展示解説書』（鴻池新田会所、二〇一〇）。
（6）国土交通省のホームページには、次のようにある。「関西文化学術研究都市の建設は、関西文化学術研究都市建設促進法（昭和六二年法律第七二号）に基づき、近畿圏において培われた豊かな文化・学術・研究の蓄積を活かし、（一）文化・学術・研究の新たな展開の拠点づくり、（二）我が国及び世界の文化・学術・研究の発展及び国民経済の発展への寄与、（三）未来を拓く知の創造都市の形成、という学研都市の理念に立って、創造的、かつ国際的、学際的、業際的な文化・学術・研究の新たな展開の拠点づくりを目指すものであり、近畿圏はもとより、我が国及び世界の発展に大きく寄与する国家プロジェクトである。」（http://www.mlit.go.jp/crd/daisei/daikan/index.html。二〇一二年一月三日閲覧）。
（7）上村松篁・淳之両画伯からの作品の寄贈と近畿日本鉄道株式会社からの基金出捐により一九九四年（平成六）に開館した美術館で、上村松園・松篁・淳之三代にわたる作品、草稿、写生等、美術資料の収集と保管、展示を通じ、三代の画業を紹介することを目的としている（松伯美術館ホームページ http://www.kintetsu.jp/shohaku/about/about.html。二〇一二年一月三日閲覧）。

（8）一九六〇年（昭和三五）に近鉄創立五〇周年を記念して開館した東洋古美術を中心とする美術館。

（9）奈良県内のファスト風土的景観については、石崎研二「ＧＩＳで描く郊外の奈良、奈良の郊外」奈良女子大学文学部なら学プロジェクト編『大学的奈良ガイド――こだわりの歩き方』（昭和堂、二〇〇九）が分析を行なっている。

パネルディスカッション

路線間イメージ格差を考える

――南海電鉄を中心に

関西学院大学社会学部教授
難波功士

一 なぜ南海電鉄について考えるのか

島村さんの報告に無理やり話をつなげるならば、私の妻の実家は近鉄京都線の高の原でして、学園前の百楽荘で結納をしたことをちょっと思い出しました。どうでも良い話しで、申し訳ありません。私の方はレジュメがなくて、紙芝居形式といいますか、パワーポイントを見ていただくことで話しを進めていきたいと思います。

最初に私のプロフィールをご覧いただければ、すぐにご理解いただけると思いますが、別に鉄道に詳しいわけでも何でもありません。ですが、ある時、関西の私鉄について書いてみないかと知り合いの編集者の方に言われました。特に阪神と阪急が統合したことで、何がどうなるのか……みたいなことを考えろと。阪急沿線に関しては、今日来ていらっしゃる本学の名誉教授、津金澤（聰廣）先生のお仕事がございますし、原武史さんの著作もある。(1) なので、阪急だけではなく、京阪・近鉄・南海まで含めて書こうかと調べ始めていました。でも、その仕事はなかなか進まず、各駅停車状態でして、他の仕事に追い抜かれているという状況にあります。

他の方たちとのバランスも考えて、南海の話を今日は中心にさせていただきたいのですが、なぜ南海かというと、私は一九六一年に大阪市阿倍野区で生まれて、その後南海電鉄が郊外に開発した分譲住宅地に移り住み、高校時代まで住んでいました。最寄り駅は、高野線の初芝というところで、同じ住宅内には元南海ホークスの選手などもいて、リトルホークスという子供会の野球チームを指導していたり……という環境で育ちました。中モズグリーンパークやマンガ「あぶさん」でおなじみの秀鷹寮なども、自転車で行ける距離でした。阪堺電軌や南海電鉄の沿線は、私にとってみれば、いわばホームであります。その後京都、東京と転々として、一五年前に関西に戻り、関西学院大学の教員となって、阪急今津線沿線に居るわけですが、なぜかいまだにアウェイという意識を阪急電車に対しては抱いております。狭軌の電車に乗ると、ふるさとに帰ったなと感じるところがあったりもする。私鉄沿線文化・企業文化について講義をして、学生たちに授業中短い文章を書かせたりしても、南海方面から通っている人たちにとってみれば、阪急は非常に品が良いし、乗客のマナーも良い。でも、南海に帰るとホッとすると書いてある。これを他者問題とは言いませんが、阪急に対して「他者な自分」は何者なんだろうということを、ちょっと考えてみたいとは思っております。

今日は関西テレビの鉄道愛好会（?）の方もお見えですので、サービスで言いますと、「阪急電車」は関西テレビと読売放送などでつくった映画なんですね。プロデューサーもディレクターも関テレの社員の方です。あの映画に描かれた世界に対して「いいなぁ」と思いつつ、また関西学院大学の魅力はこういうところにあるのだと思いつつ、いや何か、やっぱり南海の方がホームかな、私にとっては……といった葛藤をお話しさせていただきたいと思います。

二　阪急沿線のイメージの良さ

阪急沿線のイメージの良さと言いましたが、北摂全般そうですし、阪神間は特にだと思います。ディベロッパーなどが、住みたい街アンケートみたいなことをよくやっております。(2) 街の名前のランキングですので、駅名ではないのですが、夙川ですとか、岡本ですとかがあがっており、これらはやはり阪急神戸線沿線のステイタスの高さを示しています。ＪＲにさくら夙川駅ができましたが、でもまだやはり夙川イコール阪急でしょう。こうした傾向は大体毎年同じで、近年は天王寺が再開発で少しランクを上げてはいますが、やはり阪急沿線のエリアが中心となっています。こうした住宅地の開発の先進的な事例として、阪急電鉄の取り組みはよく知られているところでしょう。

以下、地理学の方々が随分調べていらっしゃいますので、その成果にのっとってしゃべりたいと思います。[3] 確かに阪急神戸線沿線、宝塚線沿線には古くから住宅開発の事例がたくさんある。ですが、先ほどの話にありましたように、近鉄も南海もずいぶんと頑張っていた。なのに、なぜ阪急だけが良い住宅地イメージを独り占めしているのか。それを考えていきたいと思います。

ご存知の方も多いでしょうが、阪急が最初に手がけた宅地開発が、池田の室町です。[4] 戦前に阪神間に花開いたモダニズムの思潮に関しては、良い本がすでに多く出ています。それらの本に載っている宅地開発のパンフレットや沿線地図などの図版をみていると、いろいろと面白いことがわかってきます。阪急伊丹線はいわゆる盲腸線なのですが、実は伊丹と宝塚、伊丹と川西をつなぐ計画もあったようです。[5] この『宝塚雲雀丘・花屋敷物語』などは、地域の住民たちが町内の邸宅の写真を集めた本を自分たちで編集・発行している。[6] その他、岡本からケーブルカーで登っていった二楽荘や、[7] 先ほど話のあった久原房之助の豪邸、阪急と阪神が競い合った六甲山の開発などは有名なところだと思います。戦間期、ブルジョアたちのユートピアとしての阪神間です。

しかし、こうした郊外の開発は、阪神間に限ったことなのでしょうか。『郊外からみた都市圏空間』という本によりますと、一九二〇年代の関西圏の市町村に関して、それぞれの特性で言えば、「先進的住宅郊外型」にあたるところは、もちろん精道村や住吉村など、今の芦屋から神戸にかけてのエリアに広がっていますが、浜寺町・高石町など南海沿線にも点在している。[8] そうした先進的な郊外住宅地イメージが、なぜ芦屋辺りに収斂していったのでしょうか。

阪急のやったことは、宅地開発とあと学校の誘致です。せっかく関西学院大学でやっているので本校の話をしますと、今の王子公園付近にあった関学が、上ケ原にやってきたのが一九二九年です（図1・2）。それからレジャー施設ですね。宝塚の話は有名すぎるので、甲陽園遊園地を見ておきましょう。[9]関学の上ケ原キャンパスから芦屋へと抜ける道沿いに池がありますが、その周辺には一大レジャーランドが広がっていました。映画の撮影所もあったし、少女歌劇団もあった。女性の歌劇と言えばイコール宝塚となってしまうかもしれませんが、さまざまな可能性が過去にはあったということです。甲陽園にも立派な劇場があり、劇場内の甲陽食堂は、今でいう人気スポットであったようです。映画に関しても、宝塚映画製作所のことはそれなりに知られていると思いますが、甲陽撮影所も忘れてはならない存在です。

図1　原田の森の関西学院

図2　初期の関西学院大学上ケ原キャンパス

　戦後の話でいいますと、宝塚ファミリーランドや阪急西宮球場などは、私の世代にとってはたいへん懐かしい（図3・4）。雑誌「an・an」のバックナンバーなどを繰っていますと、「阪急沿線vs東急沿線、東西ニュートラスナップ大

図3　宝塚ファミリーランド
（1911 年宝塚新温泉として開業、2003 年閉園）

図4　阪急西宮スタジアム（1937～2002 年）

全集」といった記事を見かけたりもします（一九七六年一二月二〇日号）。ちょっとブルジョアというかお金持ちの、まだ家事手伝いという言葉が生きていた頃ですが、そういうお嬢さまファッションが阪急・東急沿線からわき上がっているといった特集です。雑誌「JJ」の創刊は一九七五年で、いわゆるニュートラ・ファッションをフィーチャーしていきました。当時の写真を学生の前で見せると、うちのお母さん、こんな格好してるということでちょっと盛り上がるんですけど。こうしたメディアも、裕福でオシャレな阪神間イメージの構築や流布に、大きな役割を果たしたと思います。

三　阪急と阪神・南海との対比

阪神の話もちょっとだけしておきます。阪神の住宅供給の始まりは、西宮からです。[10]先ほど甲子園ホテルの話がありましたが、その前の国道二号線を走っていた阪神電鉄国道線からは、三宅さんに見せていただいたＤＶＤにもあったように、海岸に向かって支線も伸びていました。[11]浜甲子園の宅地開発もありましたし、甲子園浜海水浴場もあった。当時の写真などに「大汐湯」とあるように、海水浴はレジャーというよりも、健康増進目的だったかもしれません。[12]で、この辺に保養地、住宅地がつくられたと。テニスコートがあったり、プールがあったり。鳴尾競馬場や阪神パークもあった。今の阪神武庫川線にあたるところには、戦前はバスの路線がありました。武庫川河口にある川西航空機の工場へと工員さんを運んでいたわけです。

そうした住宅地やレジャーの開発の歴史は阪急と同様なのですが、阪神タイガースのイメージがあるのか、現在、阪神沿線はやはりコテコテで庶民的、といったイメージですね。一九八八年に出ている田中康夫さんの本で『東京ステディ・デート案内』というのを持ってきました。[13]デート・マニュアルを兼ねて東京の街を紹介しているのですが、日比谷の東京宝塚劇場近くの喫茶店に関して次のように書いてあります。「およそ、宝塚ファンの女性くらい、時代を超越してしまっている存在はない。たとえていえば、夏の暑い盛りに帽子をかぶって、日傘を指して阪急御影駅まで歩いていくような女性である」。

で、観劇後喫茶店で静かにお茶を楽しむ。そういうファンは良いのですが、ところが「昨今の宝塚ファンは、阪神御影駅まで歩いて行くような女性である。帽子や日傘はあってもなくてもよろしい。レースのフリルのついたブラウスやスカートを着ている。けれども、シュミーズが裾から覗いている。当然、お茶を飲みながら大きな声を出す」。「シミチョロ」という言葉ももう死語でしょうが、阪神沿線の女性は、そんなイメージなわけです。

で、私の担当の南海なんですが、南海電鉄が誇りを持って言うことは、現存する日本最古の私鉄であると。電鉄になる以前から汽車を走らせていたし、難波―和歌山間の特急列車には食堂車を繋いでいて、洋装の美しい女性が給仕してくれる、といった写真も残っています。[14] 戦前の路線図をお見せしていますが、こうしたものがまだ汐見橋の駅には残っているとか。私にとってみれば懐かしい南海平野線ですとか、天王寺と天下茶屋をつなぐ天王寺支線なんかも見えますね。[15] ここで注目していただきたいのが、阪堺線沿線が郊外にあたり、小市民のユートピアであった時代が戦後まで続いていたことです。林芙美子原作で一九五一年公開の、成瀬巳喜男監督の映画『めし』の舞台、原節子と上原謙の夫婦が住んでいたのは、阪堺線の天神ノ森でした。それから島村さんから帝塚山モダニズムみたいな話がありましたけれども、里見宗次《さとみむねつぐ》という、美術史や広告史をやっている人たちの間では有名なグラフィック・デザイナーなんかも帝塚山の出身で、裕福な商家に生まれて、小出楢重に絵を習っています。そして、帝塚山からいきなりパリに渡って、戦前のパリで有名なポスター作家になるとか、そういう人たちも輩出するようなエリアでした。

戦前の南海の路線図をもう少し拡大すると、堺の大浜や浜寺なんかも立派な保養地・行楽地だったことがわかります。大浜にも少女歌劇がありました。[16] だから、ひょっとすると少女歌劇と言えば、大浜や甲陽園になっていたかも知れないわけです。浜寺の辺りはまだ高級住宅街の面影が残っていて、ヴォーリズの住宅建築も残っていたりもします。阪堺線を始め、鳳と東羽衣を結ぶ線ですとか、南海高師浜線ですとか、浜寺一帯にいろんな路線が走っていますが、これら全て海水浴客を運ぶために敷設されました。浜寺の海岸は、かつては東洋一と言われていた海水浴場だったのですが、今の地図では埋立地に工場が立ち並んでいる。私の子供の頃などは、よく光化学スモッグの警報が出たものです。

図5　遠くに北野田駅直結のタワーマンションが見える大美野のロータリー（中央に噴水）

『近代日本の郊外住宅地』という東西の住宅地をとりあげた本があります。[17] この中でも、やはり雲雀丘、池田室町、箕面櫻ヶ丘など阪急沿線がメインとなっていますが、先ほど話のあった京阪の枚方香里園も出ていますし、南海高野線北野田駅近くの大美野田園都市もあがっています。私の地元は初芝だと言いましたが、北野田から二駅難波寄りが初芝です。この辺りには非常に思い入れ深いので、もうちょっと語らせていただきますと、大美野の住宅街というか豪邸街は、駅から少し離れたロータリーを中心に、三六〇度、放射線状に道がひろがって街ができ上がっています

（図5）。碁盤の目のような道筋とか、矩形の宅地分譲というのとはだいぶ様子が違う。戦前、高級な住宅街をデザインしようとした時に、ヨーロッパに視察に行ったりすると、むこうはこうしたロータリーないしランアバウトを中心に街ができあがっている。それが日本に輸入されたんでしょうが、そうしたロータリーを中心とした街づくりが、戦後の宅地開発にもコピーされ、転用されていったりもします。ロータリー研究というのも、今後面白い課題かなと思っています。

四　阪急一人勝ちの背景

堺の地元話、もう少し続けますと、上野芝もそうですね。今はJR阪和線としか皆さん思ってないんですけれども、戦前は民鉄の阪和電鉄で、美章園だとか上野芝だとか、そういうところでは住宅開発をやっていたし、海水浴客のための路線を引いたり、砂川などの景勝地も開発していた。さまざまな私鉄がいろんなふうに阪急っぽいことをやっていながら、なぜ阪急だけがイメージの一人勝ちをしたのか。これはまだ本当に仮説の段階ですが、ざっと今思っているところを述べさせていただきます。

ここでもまた地理学者の仕事によりかかって話をしますが、これは戦前の大阪の不良住宅地区を調べた地図になります。[18]この太い線に囲まれたエリアが、昔の、大大阪になる以前の大阪市域ですね。そこから不良住宅がクリアランスされている。ではそうした住宅がどこに集まっていったかと言いますと、守口方面に伸びていく京阪沿線、東大阪方面に伸びていく近鉄奈良線沿線、あとは南海電鉄などが南に延びていくエリア、それから海沿いの阪神沿線辺り。一方、線路がここで三つに分かれていますから、ここが十三だと思うんですが、阪急が伸びていく地域には余り不良住宅の集積がないということが、この地図から読めます。で、戦災でいったん焼けるんですけど、戦後の復興事業と不良住宅の関係を見たこの図でも、やはり戦前と同様なところに不良住宅が集積していく。郊外まで出て行ったら、宅地開発、レジャー開発など、いろんな私鉄がけっこう同じようにやっていたとしても、そこに行くプロセスで、アクセスで、下町っぽい光景を目にするかしないか。それが沿線イメージに大きな影響を与えるのではないか、これが一つの仮説です。

地理学の方は、なかなかえぐいことも調べはるんやな、と思ったのは、この図です。高学歴の人が住んでいる割合と市域とを重ね合わせてみると、やっぱり北摂から阪神間にかけては、学歴の高い人が多いようです[19]。これは、イメージが良いからそういう人たちが住み着くのか、そういう人たちが住み着くからイメージが良くなるのか、その辺は鶏と卵の関係だと思うのですが。こうした違いは東京でも、西と東、山の手と下町などであるようです[20]。

戦前にまた話が戻っちゃうんですけれども、一九二〇年代には高石・浜寺あたりも先進的な住宅エリアだったのですが、一九三〇年代にはもう芦屋あたりに集中してきます[21]。戦後になると、尼崎ですとか堺の沿岸部は、石油コンビナートなど工業地帯化が進みます。阪神などは、戦前からもそうだったのですが、よりいっそう海沿いの工場群を抜けていく線になっていきますし、南海も、特に南海本線は工場や煙突を見ながら走っていく電車になる。西宮は、埋め立てで海水浴場はどんどんつぶれていくんですけど、コンビナートを誘致しようという話にはならなかったエリアですね。それはなぜかというと、西宮の有力者は酒造業などの方々で、良い水が湧くのが生命線なわけで、石油化学コンビナートなどができると困るのです。[22]尼崎の工業地帯のイメージの強い阪神、堺泉北臨海工業地帯のおひざ元の南海なんかに比べて、尼崎の内陸部を走り西宮へと抜ける阪急神戸線のイメージが相対的に上がったのかな、なんてこともちょっと思ったりもしています。まだこの辺、詰め切れていませんが、いろんな土地利用があったはずなのに、ホワイトカラーが住む郊外型の良いところという役回りというかイメージが、もっぱら阪急に割り当てられていった。他方、もうちょっと臨海工業地帯に近く、煙突を眺めて走るのが南海や阪神で、あと京阪や近鉄は町工場や文化住宅といった街並を抜けていくといった印象。こうした景観的な要素によって、何となく路線のイメージができ上がったかなという、これまた仮説です。で、これは一九六〇年代の時点の話ですが、郊外の宅地の価格も、北摂などの方が相対的に高いという研究もございます。[23]

もうちょっとだけ余計な話をさせていただきますと、かんべむさしさんという本学社会学部の卒業生の方に「決戦・日本シリーズ」という小説がございます。[24]どういう小説かというと、もし日本シリーズで阪急ブレーブスと阪神タイガースが戦っていたらどうなったんだろう、と。実際にそういうことはなかったわけですけれども、もしそれが実現していたらという空想小説でした。同じ西宮市内の、本当にクルマなら数分で行けるようなところに本拠を構えるセ・パ二チームが、日本シリーズでぶつかりあう。もし阪急が勝った場合は、阪急のファンを乗せた電車が阪神の本線を走っていって、今津線に乗り入れて、阪急西宮球場に行って、みんなで大騒ぎをすると。もし阪神が勝ったら、阪急の神戸線を阪神ファンで満杯の電車が走っていって、西宮北口から今津に抜けて、今津から甲子園まで行くと。そうしたパラレルワールドを描いているわけです。

では、なぜそんな小説が生まれたかというと、かつてはそうした運行が実は可能だったのです。皆さん御存じの西宮北口のダイヤモンドクロス。阪急神戸線と阪急今津線が、同一平面上で交差していたのですが、一九八四年になくなってしまった。それからこれはかつての今津駅の平面図ですが、阪神本線と阪急今津線をつなぐ線路があったことがわかります。(25) 相互乗り入れ可能なわけです。この辺り戦争との絡みになるのですが、阪神武庫川線は大きな軍需工場につながっていて、阪急今津線沿線、武庫川沿いにも大きな軍需工場があった。両者間で物資や製品の運送が必要だったわけです。今津線の仁川《にがわ》と小林《おばやし》の間に、鹿塩《かしお》駅というのが設けられたこともありましたが、これも軍需工場へと工員さんたちを運ぶためです。

さらに余計な話をしますと、こうやってベラベラしゃべっている私は社会学部の教員なんですけれども、今年の春から大学の入試部長という役職をおおせつかっております。今日も午前中その仕事で、さっきギリギリに駆けつけたような次第です。入試部長になって思うことは、ダイヤモンドクロスとこの今津駅での接続さえ生きていてくれたら、近鉄沿線からもっと、このキャンパスに受験生が来てくれたはずやのに……と。あくまでもこれは、私個人が思っていることなのですが、近鉄奈良発、今津経由、甲東園行きですね。それがあれば良いなと、本日、もっとも訴えたかったりします。まぁ、難波一

図 6　初芝駅から 400m ほどのロータリー

図 7　初芝駅から 700m ほど、住宅地開発の際に誘致された初芝商業（現初芝立命館高校）跡地前のロータリー

個人の戯言《たわごと》として聞き流してください。でも、けっこう本音です。

あともうちょっと、余談がてらでお話しさせていただくと、でも、もういったんぶち切れたものはしょうがないかとも思います。分断された結果、西宮北口と宝塚の間に小宇宙というか、島宇宙というか、ミクロコスモスができ上がって、そこが何か良い雰囲気のところだとみんな思ってくれて、「阪急電車」みたいな小説が生まれ、映画も撮られることになった。そこをウリにして、この上ケ原キャンパスに多くの受験生に来ていただくことを考えなあかんな、と最近思っております。

それと脱線ついでに、いや鉄道の話で脱線はまずいですかね。ロータリーの話をもう少し。実は鉄道よりもロータリーのことが、最近気になっています。私の育った初芝というところも、大美野の劣化コピーとは言いませんけれども、大美野田園都市の開発を引き継いでいたりもして、実際にロータリーが点在し、それがつながって、いわばアメーバ状に街ができ上がっているのです（図6・7）。近鉄沿線の話もございましたが、千里山もそうですね。駅前じゃなくて、ちょっと離れたとこにロータリーがある。東京だと、戦前に東武が開発した常盤台だとか、戦後だと多摩プラザのあたりもクルドサックという形で、住宅地内のロータリーは生き続けています。京都だと桂坂、かつて西武セゾンが開発した街にもロータリーがありますし、関学の神戸三田キャンパスの前のワシントン村、あそこにもクルドサックのロータリーがたくさんあります。なぜかロータリーを置くと、どこか高級感のあるちょっと欧風などいうか、エキゾチックな街づくりができると、私たちは遺伝子のレベルで何となく思っているのかもしれないとか、そんなことを漠然と考えています。ヨーロッパの古い街にロータリーが多いのは、馬車の旋回能力の結果だという説を聞いたこともあります。そう言えば関学上ケ原の本部棟横にも、ロータリーっぽい車寄せがあったりしますね。

ともかくそうした街づくりにも私鉄はかかわってきた。南海も近鉄も阪神も、どこも同じことをやってきたはずなのに、なぜ阪急だけがイメージ上の一人勝ちをしているんだろうか。ＪＲとの競合や、少子化による沿線人口の減少など、経営的な面では、阪急も苦しいところはいろいろあるのでしょうが……。こうしたことを皆で考えるきっかけになれば、問題提起になればとダラダラしゃべってまいりました。ご清聴、ありがとうございます。またいろいろ御質問があれば、後ほど討論させていただきたいと思います。私のほうからは以上です。

注

(1) 原武史『「民都」大阪対「帝都」東京』(講談社、一九九八)。
(2)「住みたい街アンケート二〇〇九年(関西)」より。
http://www.major7.net/contents/trendlabo/research/vol013/
(3) 水内俊雄「大阪都市圏における戦前期開発の郊外住宅地の分布と特質」大阪市立大学地理学教室編『アジアと大阪』(古今書院、一九九六)など。
(4) 阪急沿線都市研究会編『ライフスタイルと都市文化——阪神間モダニズムの光と影』(東方出版、一九九四)、「阪神間モダニズム」展実行委員会編著『阪神間モダニズム——六甲山麓に花開いた文化、明治末期—昭和一五年の軌跡』(淡交社、一九九七)、竹村民郎・鈴木貞美編『関西モダニズム再考』(思文閣出版、二〇〇八)など。
(5) 今尾恵介解説『全國鐵道旅行繪圖』(けやき出版、二〇一一)。
(6) 宝塚雲雀丘・花屋敷物語編集委員会『宝塚雲雀丘・花屋敷物語』(宝塚雲雀丘・花屋敷物語編集委員会、二〇〇〇)。
(7) 杉森久英『大谷光瑞』(中央公論社、一九七五)。
(8) 石川雄一『郊外からみた都市圏空間』(海青社、二〇〇八)。
(9) 山下忠男監修『西宮の今昔』(郷土出版社、二〇〇九)。
(10) 中川理『重税都市』(住まいの図書館出版局、一九九〇)。
(11) 今尾解説前掲書。

(12) 畔柳昭雄『海水浴と日本人』(中央公論新社、二〇一〇)。
(13) 田中康夫『東京ステディ・デート案内』(マガジンハウス、一九九八)。
(14) 山村定雄・継松孝司編『堺の鉄道一一〇年――日本の私鉄発祥の地・堺市の鉄道史』(郷土出版社、一九九六)。
(15) 今尾解説前掲書。
(16) 山村・継松編前掲書。
(17) 片木篤・藤谷陽悦・角野幸博編『近代日本の郊外住宅地』(鹿島出版会、二〇〇〇)。
(18) 水内俊雄「都市インナーリングをめぐる社会地理」水内俊雄編『空間の社会地理』(朝倉書店、二〇〇四)。
(19) 高橋伸夫・谷内達編『日本の三大都市圏』(古今書院、一九九四)。
(20) 橋本健二『階級都市』(筑摩書房、二〇一一)。
(21) 石川前掲書。
(22) 平野孝『都市の内乱――西宮(一九六〇―一九六三)』(日本評論社、二〇〇八)。
(23) 西村雄郎『大阪都市圏の拡大・再編と地域社会の変容』(ハーベスト社、二〇〇八)。
(24) かんべむさし『決戦・日本シリーズ』(早川書房、一九七六)。
(25) 野村正樹『鉄道地図から歴史を読む方法』(河出書房新社、二〇一〇)。

パネルディスカッション

関西私鉄系不動産事業の変化と空間の再編成
——阪急不動産を中心に

関西学院大学文学部教授
山口　覚

文学部で地理学の教員をしております山口です。我ながらタイトルが長過ぎると思いますが、「空間の再編成」という言葉で何を意味しているのかというと、一言でいえば、資本や人口の「東京一極集中」であり、反対に関西については「関西の衰退」を意味しております。つまり衰退していく関西の中で、私鉄系不動産事業というものがどのようにあるのか、そして何をしようとしているのかについて、お話ししたいと思っております。ここでは阪急不動産の首都圏進出がメインテーマとなります。

一　小林一三方式と首都圏進出

さて、明治四三年、一九一〇年から、阪急電鉄は一つのビジネスモデルという形で、沿線における住宅地開発をおこなっていきます。もちろんその最初は池田室町の住宅地です。リクルート社の『SUUMO首都圏版』（二〇一〇）のような情報誌で阪急不動産の紹介ページを見てみますと、今でも池田室町住宅の話がすぐに出てきます。まずは小林一三さんの名前がありまして、沿線に町を開き、良質な住まいや商業施設をつくり、その地域に住まう人が快適に暮らせる良好な住環境を創出していくのだ、と。つまり鉄道会社が沿線において不動産事業を並行して展開していく。これが日本における私鉄系不動産事業の一つのモデルとなったわけです。いわゆる「小林一三方式」です。

私は鉄道とか不動産事業について詳しいわけではありません。しかし、鉄道沿線の開発という小林一三方式とは大きく異なる、阪急不動産の首都圏進出という現象に興味を覚えたのです。実はただ今はタワーマンションというものに関心がありまして、あちこち歩き回って写真を撮り、情報を集めております。東京都江東区豊洲のほうに「シティタワーズ豊洲ザ・ツイン」というツインタワーのマンションが建っております（写真1）。御存じの方もおいででしょうが、これは明らかに住友不動産のタワーです。「黒いタワー」というのが住友のタワーマンションの基本的なデザインだからです。しかし現地でマンションの横にあった看板を見たところ、住友不動産の隣に阪急不動産の名前が並んでおりまして、共同事業主となっていました。つまりこのタワーマンションを見学しました際に、何でここに阪急の名前があるのかなと思いまして、首都圏のほうに阪急の不動産事業、特に住宅事業がどのように入ってきたのかということが、私の関心事となりました。

阪急電鉄は二〇〇〇年から、首都圏のほうでマンション事業を進めています。同じ時期の二〇〇二年

写真1　シティタワーズ豊洲ザ・ツイン
筆者撮影

には阪急電鉄と阪急不動産という二つの会社が、あるいは阪急グループ全体が、再編成されています。そうした話もしてみたいと思います。

そして、東京一極集中についても考える必要があります。日本全体、あるいはグローバル、世界的にいろんな動きがある。つまり資本が流動する、それに伴って人が動く。あるいは新しい建物がどこで多く建てられるのかということも変わってくる。そういったことの一つの流れということで、なぜ首都圏へ進出をするのかという理由の一端についてお話しできると思います。

また、鉄道沿線に良好なイメージの住宅地をつくっていくということそれ自体が一つの文化、たとえば「阪急文化」というように考えられるものであったと思います。そうした「文化」がどのように首都圏に移植されようとしているのか、あるいはそうではないのか。多くの地理学者は地図を描いて物事を考えます。たとえば首都圏におけるマンションの立地の傾向について、地図なども使いつつお話しできればと考えております。そこに阪急文化の一端が見出されるかもしれません。

二　私鉄系不動産事業の地元からの進出

さて、ここで、阪急不動産以外の他の電鉄系不動産企業の動向について、お話をしてみたいと思います。(1)三井不動産、三菱地所、住友不動産というのが総合不動産業界の御三家ですが、その次に来る四番手が東急不動産です。つまり首都圏に拠点を持つ東急電鉄系の不動産会社です。東急不動産の事業で、首都圏の外部へ進出した一番最初の動きは一九六九年のことで、その行き先は関西でありました。翌七〇年には大阪支店をつくり、川西市を最初の開発地として事業を展開してきた、ということがあります。これと同時期には、近鉄が首都圏に打って出ています。しかも同社は、もっと早い段階から、東京において、まずは子会社という形で東京近鉄不動産という会社をつくっておりました（一九五二年）。そして本格的に首都圏へ出て行きましたのは、一九七二年に、近鉄不動産が東京近鉄不動産を吸収合併し、それを支店に変える、ということによってでありました。二〇一一年時点から見れば、首都圏のほうですでに四〇年近く本格的な事業を展開してきたのです。

けれども、阪急と同じような感じで、二〇〇〇年を過ぎてから首都圏に出たという会社がありました。それが京阪電鉄不動産です。この会社自体は新しいのですが、さっそく二〇〇三年に東京営業所をつくりました。二〇〇七年には東京のほうで「ファインレジデンス」というブランドを新たに創出して、マンションの分譲を開始しています。なお、首都圏の私鉄系不動産企業が、衰退傾向が明らかな関西に新たに進出してくるということは、現時点ではほとんどあり得ないようです。

さて、それまで活動拠点としてきた地元から離れて、他所に出て行ったとき、いくつかの問題が起こります。これは私鉄系不動産事業だけに限られる話でありませんが、不動産事業を進める際にどのように土地を取得していくのか、その情報をどのように得るのか、ということがあります。あるいは会社のブランドイメージをどのように創り出し、流布していくのか、という問題もあります。

近鉄不動産の少し前の社史『近鉄不動産株式会社創業二十年記念誌』（一九八八年）には、同社が首都圏にどのように出て行ったのかについて、ちょっとしたコメントが記されていました。首都圏では近鉄の知名度は低く、そのイメージを前面に出していくのは難しかった。しかし当時は球団があったということで、そのイメージで事業展開をしていった、とされています。つまり、こういったイメージの問題、あるいは現地で事業展開していくための情報収集力をどのようにつけていくのかということが、他所に出て行くときの問題になってくるわけです。そのため、阪急の場合はどうであったのかということが、一つの問題になると思います。

その話はもうちょっと後にしまして、まず阪急グループの再編の話、あるいはなぜ首都圏のほうに進出せねばならないのかという、その辺の話をしてみたいと思います。

三　阪急グループの再編と不動産事業の首都圏進出

まず一九五二年に、阪急電鉄からの分離独立という形で、阪急不動産という会社ができました。[2]この時点での阪急不動産は、現在の同じ名前の阪急不動産とは少しばかり性格が異なる会社でありました。この、かつての阪急不動産のほうも電鉄沿線での開発をしておりました。が、特に一九八〇年代ぐらいから、例えば西宮名塩など、沿線以外の土地での開発を積極的に始めている。阪急電鉄のほうも住宅事業部というものをまた別に持っておりました。つまり二つの会社が並行して住宅事業をしていたわけなんですが、この電鉄住宅事業部のほうでも、沿線以外の開発というものを九〇年代から積極的にやってきたということがある。一つの端的な例としましては、彩都の開発があると思います。

そして、二〇〇〇年に、まず阪急電鉄住宅事業部のほうが首都圏のほうに営業部というものをつくり、以降頑張ってやってきております。では、なぜ進出したのか。嫌な話かもしれませんけども、阪急は今、非常に厳しい経営状態にあるということがあります。例えば彩都ですけれども、二〇〇八年に、土地の評価損が六九〇億円あるということが公表されている。同社はそういった形で、おそらく一〇〇〇億円単位の損失を抱えているというような厳しい状況にある。これが阪急グループの現状です。もちろん彩都に行きましたら「ジオサイト・プレミアムテラス」といった非常に美しいマンションがあります（写真2）。周囲は本当に広々としていて住環境も良いはずです。ただ、全体的には開発が途中で止まってしまっていたり、停滞しているというような印象を受けます。共同で事業をしておりましたUR（都市再生機構）が、彩都での事業縮小を決めてしまったということもありまして、ますます厳しい事業展開になってしまっているのです。

写真2　ジオサイト・プレミアムテラス
筆者撮影

そういう状況下で、阪急電鉄は二〇〇二年に阪急不動産を完全に子会社化し、住宅事業部を子会社としての阪急不動産に一元化するということをしました。合理化策の一環です。これ以降、住宅事業はすべて阪急不動産がするということになったのです。そして二〇〇七年からですけども、首都圏の住宅事業部に取締役の方がいらっしゃるとか、あるいは、阪急のマンションブランドである「ジオ」シリーズが二〇一〇年から東京に本格的に進出するということになっております。つまりは阪急グループが抱えている大きな問題というのがまずあって、それを何とかしなければならないということで、その対策の一環としてグループの再編や首都圏進出ということがなされているわけです。

そして、もっと大きな構造的な問題があります。ここで三大都市圏（東京圏・大阪圏・名古屋圏）の「転入超過数」というものを示している、よくあるグラフを見てみます。これはある年に、三大都市圏のそれぞれに流入してきた人数と、そこから流出していった人数の差、つまり人口の流出入の差（社会増減）を示しています。入ってくる人が出て行く人よりも多ければ、つまり転入超過数がゼロよりも上であれば、その場所は人口増加の状態である。言い換えれば、その地域は経済状況がよく、ゆえに人がやって来ているということになります。転入超過数は、その場所の経済状態を考える上でのバロメーターとなります。

高度経済成長期が終わる一九七三年ぐらいまでは、三大都市圏のいずれでも完全な転入超過傾向でした。しかし高度成長期の終焉とともに転入超過から転出超過になってしまう。ところが東京の場合、まずは一九八〇年代に一回目の比較的大規模な転入超過現象が起こり、一九九〇年代にやはり大規模な転入超過が生じている。東京だけが経済状態が圧倒的に良く、人口を増やしたので、「東京一極集中」と言われているのです。それに対して大阪圏は一九七三年以降、実はゼロを上回ったことが一度もないのです。つまり人口流出がずっと続いているという状態であるわけです。

朝日新聞のこんな記事（二〇〇四・六・二）があります。関西と関東の私鉄大手の状況について記しているのですが、これも東京一極集中というものを反映しておりまして、関西のほうはどんどん利用客が減ってしまっているということがある。もちろんＪＲとの競合という要因もあるとは思いますが、これはまさに人口動態、あるいは空間の再編成の影響を受けているということであるわけです。

阪急不動産を含む関西の私鉄系不動産事業は、近鉄不動産をのぞけば、沿線開発というものを中心にやってきた。しかし現在では一極集中の進む東京に進出して、苦しい経営状態を少しでも解消せねばならないという状態になっているわけです。これは昨年の新聞記事（日経産業新聞二〇一〇・一〇・一三）ですが、実際に首都圏のほうの事業がかなり良好であるので、この調子で継続して頑張ってやっていく、とありました。ただ、この記事にもありますけれども、首都圏において知名度が低いことがまずネックになっていた、ということがやっぱりあったわけです。

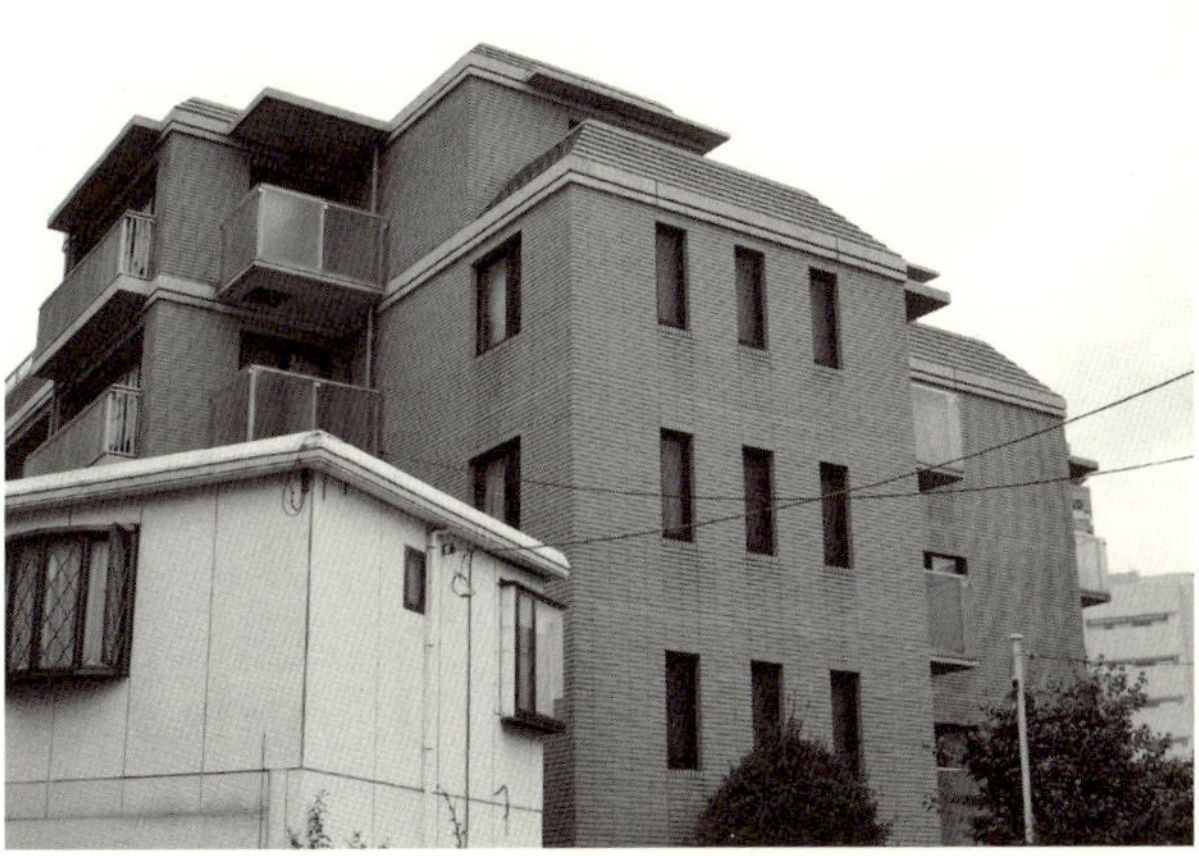

写真3　パークハウス・ジオ六番町
筆者撮影

四　首都圏における「阪急文化」

では、首都圏における事業の展開は、あるいは阪急文化は一体どんな感じであったのか、ということについてお話しします。

まず一番最初にできましたマンションが「パークハウス・ジオ六番町」（写真3）です。「パークハウス」というのは三菱地所のマンションのブランドなんですが、三菱とタイアップしてつくったマンションが、東京の皇居のすぐ西のほうにある。一等地です。あるいは、これは

写真4　パークコート・ジオ永田町
筆者撮影

本当に国会のすぐ近くなんですけれども、「パークコート・ジオ永田町」というマンションがあります（写真4）。「パーク○○」というブランド名は、「パークハウス」を除けば、基本的にすべて三井不動産のマンションブランドです。三井不動産とタイアップをしまして、一等地にマンションをつくったわけです。

表1のように、二〇一〇年ぐらいまではずっと、他社との共同事業という形で住宅事業を進めています。なぜかといえば、他所で、つまりもともと地元としていなかった場所で事業を行うためには、その土地で事業を進めるためのノウハウを吸収していく必要がある。いきなり参入して失敗するというリスクを避けるためには、同業の他社と話をつけて何とか共同事業というかたちで参入を試みつつ、その地でやっていくためのノウハウを学んでいく、ということをするわけです。また、一等地の高級物件や、タワーマンションのような大型物件の事業主として名を連ねることは、知名度を上げるためには有効な手となります。

そして阪急不動産は、今年二〇一一年現在で、首都圏での最初のマンションが竣工してから一〇年を経たわけです。一〇年を経まして、「首都圏でかなりやっていけるという感触をつかんだ」と伺っております。首都圏事業部の方から聞いた話です。表1で二〇一一年以降の事業を見ていただきまして、「その他の売主」という項目を確認しますと、一部のマンションについてはなおも共同事業になっておりますけども、ほとんどの物件ではその欄が空白になっています。つまりは単独での事業が増えてきております。こうして、二〇一〇年における「ジオシリーズ東京進出本格化」となったわけです。

ある広告を見てみると、そこでは「一〇〇年の歴史」が強調されております。つまりは、長期に渡ってしっかりやってきた伝統ある会社であるということを、一生懸命言っているわけです。例えば「ジオ・シリーズ」マンションの広報誌『ゆめ・ひと・くらし』に掲載された広告について見てみます。これは東急沿線の物件で、「ジオ梶が谷」というマンションの広告です。そこに池田室町の住宅の写真を載せて、過去から現在に至る連続性を強調するわけです。東京でつくったこのマンションにも、私たちが創業以来一〇〇年にわたって受け継いで来たまちづくりへの思いが宿っていますよ、ということです。「日本初の田園都市構想」から始まったまちづくりという部分も強調されています。そして、東急というものを、実はちょっと意識している部分があるということがあります。東急沿線を含む東京の西のほうですけども、そちらのほうを中心に事業を展開しているということがわかります。また、共同事業の相手が東急不動産であるというケースも少なくありません（表1）。

同時期に東京に進出しました京阪電鉄不動産と比較しますと（表2）、それは本当に一目瞭然です。

表1　首都圏における阪急不動産のマンション事業

竣工年	名称	住所	その他の売主	最寄り駅
2001	パークハウス・ジオ六番町	千代田区六番町	三菱地所	JR 中央線「四ツ谷」
2003	ジオ美しが丘二丁目	横浜市青葉区		■東急田園都市線「たまプラーザ」
2004	セレビア新宿御苑前	新宿区新宿	■東急リバブル	東京メトロ丸ノ内線「新宿御苑前」
2005	ヨコハマタワーリングスクエア	横浜市西区	オリックス、ランド、相模鉄道	JR など「横浜」
2006	THE TOWERS DAIBA	港区台場	オリックス、東京建物	ゆりかもめ「お台場海浜公園」
	港北センタープレイス	横浜市都筑区	■東急不動産、近鉄不動産、三菱地所	横浜市営地下鉄「センター北」
2007	ジオときわ台プレミアムプレイス	板橋区東新町		東武東上線「ときわ台」
	センターフィールド浦和美園	さいたま市緑区	■東急不動産，オリックス	埼玉高速鉄道「浦和美園」
2008	パークコート・ジオ永田町	千代田区永田町	三井不動産	東京メトロ半蔵門線など「永田町」
	ジオ流山おおたかの森	千葉県流山市		東武野田線など「流山おおたかの森」
2009	シティタワーズ豊洲　ザ・ツイン	江東区豊洲	住友不動産	東京メトロ有楽町線「豊洲」
2010	リージェントハウス大森西	大田区大森西	総合地所	京浜急行電鉄線「大森町」
2011	ブランズ・ジオ等々力	世田谷区等々力	■東急不動産	■東急大井町線「尾山台」
	ジオ千川 アーバンデコ	豊島区高松		東京メトロ副都心線など「千川」
	ジオ梶が谷 桜のヒルトップ	川崎市高津区		■東急田園都市線「梶が谷」
	ジオ文京 大塚仲町	文京区大塚		東京メトロ丸の内線「新大塚」
	ジオ目黒本町	目黒区目黒本町		■東急目黒線「西小山」
	青葉台コートテラス	横浜市青葉区	相鉄不動産、長谷工、日鉱不動産	■東急田園都市線「青葉台」
2012	ジオ練馬桜台	練馬区桜台		西武池袋線「桜台」
	ジオ西新宿ツインレジデンス	新宿区北新宿		東京メトロ丸の内線「西新宿」
	イニシア大宮日進	さいたま市北区	コスモスイニシア	JR 川越線「日進」
	ジオ成城学園前	世田谷区砧		小田急小田原線「成城学園前」
	ジオ市ヶ谷払方町	新宿区払方町		都営大江戸線「牛込神楽坂」
2013	クラッシィスイート・ジオ東麻布	港区東麻布	住友商事	都営大江戸線「赤羽橋」

注：表中の「■」は東急不動産ないし東急沿線と関連することを示す。表2も同じ。
出典：阪急不動産ホームページ、不動産各社ホームページ、阪急不動産首都圏事業部での聞き取り調査による。

表 2　首都圏における京阪電鉄不動産のマンション事業

竣工年	名称	住所	その他の売主	最寄り駅
2005	プレイス白金ブライトレジデンス	港区白金	三井物産、新日本都市開発、長谷工	都営三田線など「白金高輪」
	ビバヒルズ	東京都日野市	名鉄不動産、東武鉄道、三交不動産、相鉄不動産、長谷工	JR 中央線「豊田」
2008	ファインレジデンス成増	板橋区成増		東武東上線「成増」
2009	ファインレジデンス府中中河原ステーションプレミア	東京都府中市		京王本線「中河原」
	ファインレジデンス昭島中神	東京都昭島市		JR 青梅線「中神駅」
	ファインレジデンス横浜片倉パークプレミア	横浜市神奈川区		横浜市営地下鉄「片倉町」
2009～2010 年	フォレシアム	川崎市川崎区	東レ建設、相鉄不動産、京急不動産、貿易センタービルディング	京浜急行大師線「東門前」
2010	イクサージュ目黒	目黒区下目黒	伊藤忠都市開発、大京	■東急目黒線「不動前」
	ローレルコート南柏ファインレジデンス	千葉県柏市	近鉄不動産	JR 常磐線「南柏」
2011	ファインレジデンス西新井	足立区島根		東武伊勢崎線「西新井」
	ファインレジデンス平和台	練馬区平和台		東京メトロ有楽町線など「平和台」
	イニシア東葛西ファインレジデンス	江戸川区東葛西	コスモスイニシア	東京メトロ東西線「葛西」
2012	東京フリーダムプロジェクト（グランマークスツインフォート）	足立区小台	東レ建設	日暮里・舎人ライナー「足立小台」
	イニシア南葛西ファインレジデンス	江戸川区南葛西	コスモスイニシア	東京メトロ東西線「葛西」
	ファインレジデンス三田	港区三田		都営三田線など「白金高輪」
	ファインレジデンス氷川台パークサイドヴィラ	練馬区氷川台		東京メトロ有楽町線など「氷川台」
	ファインレジデンス戸田公園	埼玉県戸田市川岸	日本土地建物販売	JR 埼京線「戸田公園」

出典：京阪電鉄不動産ホームページ、不動産各社ホームページによる。

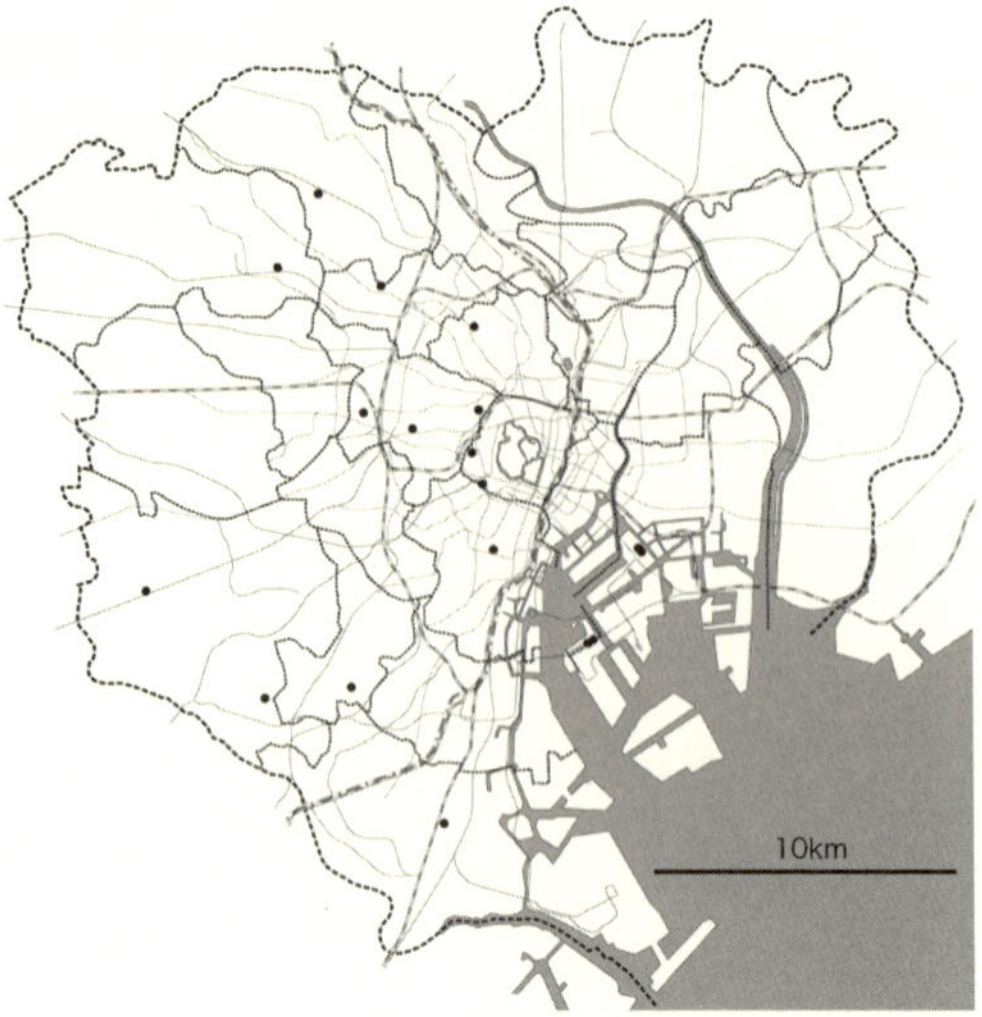

図 1　東京 23 区における阪急不動産のマンション
（2013 年竣工予定分まで）

資料：同社 HP により作成。

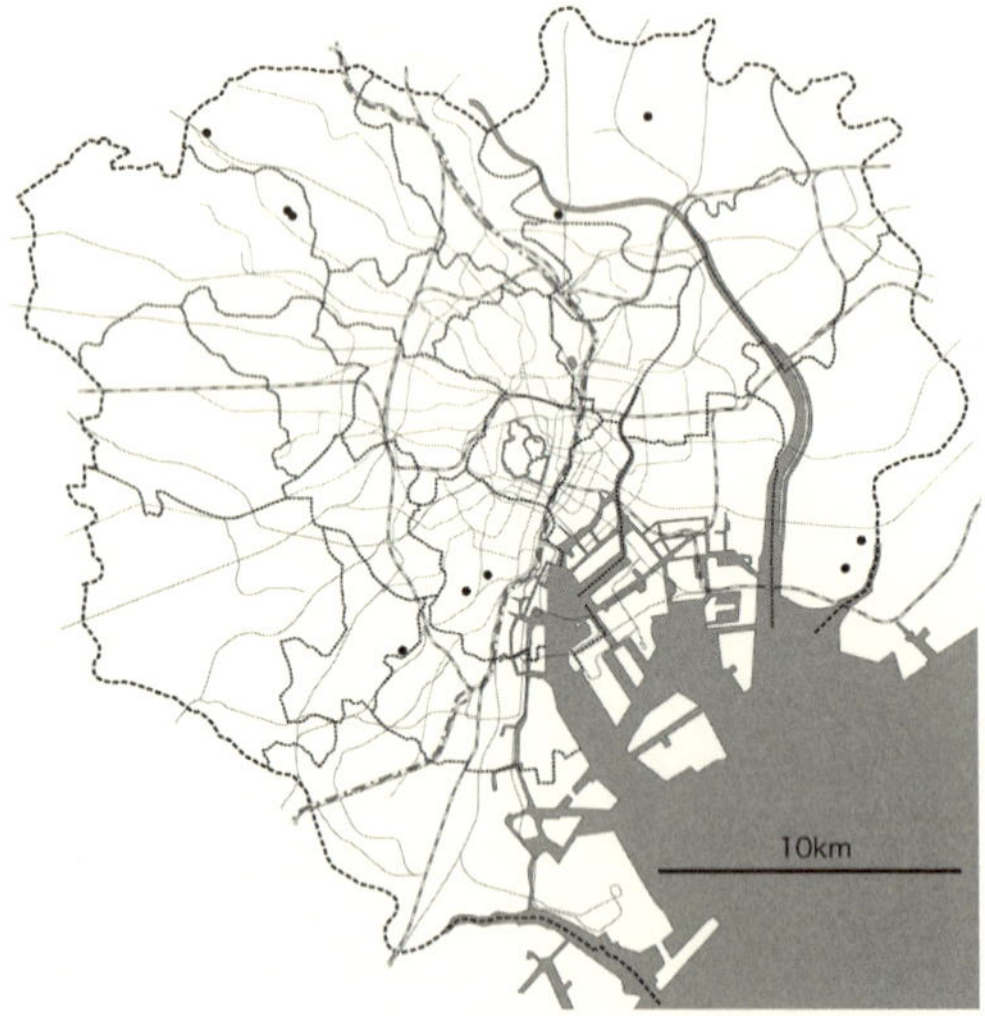

図 2　東京 23 区における京阪電鉄不動産のマンション
（2012 年竣工予定分まで）

資料：同社 HP により作成。

図1、図2は、東京二三区内での阪急不動産、京阪電鉄不動産のマンションの立地を示しています。東京二三区を千代田区の皇居を中心に考えてみますと、阪急不動産は東京西部において事業展開しています。ちなみに図は二三区内に限定されていますから、それだけでは明確ではないかもしれません。が、表1とあわせて見ていただきますと、東急沿線を含む東京西部から川崎市、横浜市にかけて多いことがおわかりいただけると思います。

反対に京阪電鉄不動産のほうですけども、東京二三区内のあちこちに点在しています。随分傾向が違うわけです。表2のように、比較的早い段階で単独事業が増えているのも特徴です。

五　東急沿線への少しのこだわり

阪急不動産の首都圏事業部のほうで、関西学院大学の卒業生であるという方に大変よくしていただきました。その際には、たとえば次のような話を聞いてきました。今年（二〇一一年）の震災の影響で、今後はどのようになるかわからないけれども、東京というところには人口が集中しており、基本的には今後も人が集まってくるであろう。また、東京では、三六〇度（二三区全域）で不動産開発が可能である。よって様々な場所で開発を進めることも可能性としてはあり得る。しかし、まずは業務の効率性といったことがあるので、やっぱり三六〇度全部展開するということはなかなかできない、あえてしないということを考えているそうです。

では、京阪電鉄不動産のほうはどうか。本当は調べておきたかったのですが、現時点では調べがついておりません。今後の課題です。

いずれにしましても、まずは業務の効率性ということから、三六〇度全部を開発をするなんていうことはしない。情報収集や実績づくりの蓄積という点での効率性の問題です。では、開発を進める地域に偏りが生じる理由は理解されるとしても、なぜ東急沿線を含む東京西部なのか。阪急不動産では、「東急沿線というのは阪急沿線とある程度似通ったゾーンである」という認識を持っているとのお話がありました。だから、基本的には都心から西寄りのほう、ひいては東急沿線を含む東京西部で事業展開するのだ、ということですね。

もちろん阪急電鉄の小林一三、東急電鉄の五島慶太という創業者同士の関係というものもないわけではない。しかし「それにこだわってるわけでは特にはない」とのことでありました。ただ、それでも、この東急の沿線というのは、「何となく阪急のブランドを浸透させやすい場所」ということもある。性格がどこか似ている。それから、例えば関西から東京に転勤をするという場合には世田谷区から川崎市、あるいは横浜市にかけて、つまり東急沿線を含む東京から西のほうにかけて住まうケースが多いということがあるので、やはりその辺にはなじみがあると。つまり総合的に見て、「とりあえずまず取り組むのは都心から西にかけてかな」という、そんなお話を伺いました。

「一〇〇年の歴史」の強調ということも一生懸命されているそうです。つまりは首都圏において信頼を得るためにそれを強調していると、そのように伺いました。阪急文化の活用例とも言えます。

六　まとめ

まとめとしましては、阪急は、あるいは関西私鉄全体の傾向として、厳しい経営状況にあるということがあります。つまり、一つには、空間の再編成の一部をなしている関西の人口減少ということがあります。また阪急につきましては、彩都の例のように、所有する土地、不動産の評価損などが起こってしまっている。よってグループ全体の再編がなされる、阪急不動産が首都圏に進出する、というようなことになっております。首都圏への進出に際しては、阪急文化というものが再確認されたり、そのイメージが利用されています。そのイメージはすでに一定程度定着しつつあるのかもしれません。また、東急沿線を含む東京西部への立地が考えられてもいる。効率性の点で良好であるとともに、イメージ戦略の点でも意味があるからだ、ということのようです。二〇〇〇年代初頭、首都圏進出当時の阪急不動産のマンション事業は、その多くが他社との共同事業として進められたものでありました。それから十年の時を経て、同社は、相当数の事業を単独でこなせるほどに力をつけてまいりました(3)。

本当は関西の話ももう少ししなければならないかもしれませんけども(4)、ここでは主に阪急不動産の首都圏への進出の話をさせていただきました。ここで話を終わりにしたいと思います。どうもありがとうございました。

注

（1） こうした研究としては、たとえば、松原宏「大手不動産資本による大規模住宅地開発の地域的展開」（経済地理学年報二八―四、一九八二、二一―三七頁）がある。

（2） 阪急電鉄の住宅事業および阪急不動産の概要については以下の文献を参照されたい。①小原丈明「私鉄系デベロッパーによる不動産事業の展開――阪急電鉄グループの事例」（経済地理学年報五二―三、二〇〇六、一七四―一九二頁）。②森谷英樹「最近の大手私鉄の不動産事業について（その四）――阪急電鉄の不動産事業について」（敬愛大学研究論集七六、二〇〇九、三―二一頁）。

（3） なお、阪急不動産のマンション事業は二〇〇八年から九州でも始められている。「福岡市を中心にマンション開発を進めて大阪、東京に次ぐ拠点に」する計画であるという（朝日新聞二〇〇八・七・四）。

（4） 近年では、阪急不動産による阪急電鉄沿線での、特に駅前再開発におけるタワーマンション建設のような新たな事業展開が確認できる。これもまた空間の再編成の一つである。

フロアとの質疑応答

総合司会　金　明秀

司会　それでは、時間になりましたので質疑応答の部に入らせていただきます。フロアの皆様からの質問をそれぞれパネラーにお渡ししてありますので、まずはそれに対する回答からお願いすることにしましょう。

島村　質問票へのお答えです。一番目の質問は、「鉄道の沿線の地域性というものと、川の流域、何々川流域というものの間には何か地域性の点で関係がありますか」というものです。

鉄道路線と川との関係ということでお答えしてみたいと思います。これはよくある話ですが、要するに近世までは交通が河川交通で、近代に陸上化して鉄道となる。だから、淀川は京阪電車に、片町線は寝屋川舟運から片町線、あとこれは想像ですが、鳥瞰図的に見たら、武庫川と阪急今津線も関係ありそうですね。今津線に乗っていても武庫川との関わりは思いつかないけれども、地図を見てみると、空中から見てみると、意外と武庫川に沿って走っていますね。

ところで、この前、新潟でお土産屋さんを見ていたら、「河川蒸気」というお菓子があって、これ有名なお菓子だそうです。パッケージのところに信濃川の蒸気船の絵が描かれてある。近代になると川に蒸気船が走ったわけですよね。淀川などで走っていましたが。その信濃川の蒸気船がお菓子に取り入れられている。それでその新潟の蒸気船のルートを調べたら、信濃川や信濃川の分流の中ノ口川を走っていた。そしてその後は陸上化して新潟交通という鉄道路線になっている。つまり、新潟交通は中ノ口川沿いに建設された。蒸気船から新潟交通へ、という話です。

二枚目の質問です。「戦前の沿線開発では園がつく場所が多く、戦後は丘、台、タウン等がつく場所が多くなっているように思いますが、両者には、性格の違いのようなものがあるのでしょうか」というものです。これはもう要するにさきほどの報告の中で述べた「戦前郊外居住」の住宅地が「園」で、「戦後郊外居住」の住宅地が「丘」「台」「タウン」ですよね。一つエピソードを紹介すると、数年前に、「西宮ガーデンズ」ができたときに、関学の学生が大勢、西宮ガーデンズでアルバイトをしていて、最初のころは、今もそうかもしれないですけれど、バイトの子たちに、ポケットに入るようなマニュアルをガーデンズが配布していたようですね。それを学生から見せてもらったら、最初のところにやはり「ガーデンズ」の由来が書いてあって、西宮七園、つまり戦前の甲東園、甲陽園、甲子園、甲風園、苦楽園、香櫨園、昭和園の七園、これにちなんで西宮ガーデンズです、というようなことがきちんとマニュアルに書いてありました。それと、「丘」「台」「タウン」ですけれど、大阪府や兵庫県、奈良県の五万分の一地形図をじっと見ていて、「丘」「台」がつくところを蛍光ペンですべて塗っていったのですが、もう「丘」「台」だらけですね。地名が。かつて山林だったところで戦後ニュータウンになった場所はほとんどすべてといってよいくらい「丘」「台」になっています。一度ご覧になってみてください。感動的ですらあります。「園」と「丘」「台」についてのご質問には以上のようなお答えにさせていただきます。

三宅　意外と質問に多かったのが、パソコンと携帯を持っていないのはなぜかということでした。これぞこの私鉄というか、阪急電鉄のせいかなという気がするのです。私、実は高校も大学も社会人もつき合った女性って電車で出会いました。電車というのは結構出会いの場です。あるいは仕事でもそうです。電車はすごく奇跡的な空間で、あれだけの人口密度のある社会的な空間を、社交の場を一瞬にしてつくって、逃げることができない場所を、一五分缶詰にしてしまうという奇跡の空間だと思います。そういう電車の魅力が、最近電車に乗っていますと、うちの学生たちはみんな携帯とにらめっこなんです。きょろきょろとしているのは僕ぐらいです。電車というのは、特にこの私鉄というのは、ビジネス街・大阪と、住宅街とを結んでいるということで、重役さんでも社長さんでも意外と電車で通勤している。今、この年になってむやみに話しかけると嫌がられますが、若いころって、テレビで見た人だと思ってしゃべりかけると、お茶でもどうぞと言ってくれたり、意外とそういう空間だなということがあるので、何かそういうコミュニケーションというのは阪急電車で通ってたことが大きい。

ちょっと思い出したのですけど、先日、私、夜行バスに、東京で新幹線に乗りおくれたので乗りましたが、予約してなかったことで一番後ろの席になりました。前に若いカップルが二人座っていまして、その二人は、ディズニーランドの帰りだと思います。お土産いっぱい積んで、物すごく楽しそうにしゃべっていました。ところが、夜行バスなので、ちょっとうるさいなと思っていますと、いつの間にか二人の声がしなくなったんです。どうやって会話していたと思いますか。携帯電話でもないのです。あれは、ぴっぴっ鳴るじゃないですか、今は鳴らないんですかね。ヒントは、夜行バスには紙コップが置いてあるのです。ウオータークーラーのところなどにおいています。そうなんです。糸電話でしゃべってたんです。あの狭い空間で、最も役に立つメディアというのは、実は携帯より役に立って、しかもそれを見てる周りの人はみんな笑顔なんです。私、夜行バスで寝ることができたことがないのですが、その日だけものすごくいい夢が見れて、それ見た瞬間、もう携帯はいいかなと思いました。やっぱり公共交通のなかで出会った出会いというのが、私が今も携帯やパソコンをもっていないことに、すごい影響を与えているような気がします。すみません。この質問が結構多かったんで。

それと、ケーキを食べて太らないかという質問ですが。これはケーキはダイエットにいいんですよ。例えば三宮でケーキを味わうと、女性の方、ケーキを味わうとどんなことを思い浮かべます。ちょっと何か太るとか、罪悪感を感じますよね。その罪悪感って結構大事で、その罪悪感で王子公園ぐらいまで歩けるんですよ。王子公園に行くと、またケーキ屋さんがあって、そこでまた味わうと、その罪悪感で六甲に行けて、六甲に行くとまたたくさんあって、それで御影まで行けて、あげくの果てに岡本、芦屋というように、三宮・芦屋と、ケーキを五つ口にすると十分歩いて帰ることができます。カロリー計算で合ってるかどうかわかりませんけども、これが運動なんですね、料理を楽しみながら歩く。ケーキの質問が多くて、なぜケーキかという。今、さっきけいはんなの映像が出てましたけども、けいはんなのようなニュータウンは店が少ないわけです。ところが、ケーキ屋さんだけはどんどんできていくという。次に多いのが美容院ですけども、ニュータウンで今、成り立つビジネスというのは、ケーキ屋さん。だから今、実はかつて日本の町にはたばこ屋さんと酒屋さんは必ずあったわけですけど、今、なくなってるんですね。どこの町にもある可能性があるというのはケーキ屋さんということが非常にふえていってるんですね。そういう意味で、どこの町でもある、だれでも享受できる、でも、実はそのケーキ屋さんがある町というイメージというのはやっぱり阪神間の、先ほど島村先生から学園前の、学園前がやっぱり阪神間の住宅地と似てる。御影石のかわりに生駒石に変えただけの住宅地というように、やっぱりこの阪急沿線、阪神間で生まれてきた分譲住宅地のイメージ、住宅街とケーキ屋さんのセットというのが、これが非常に広がってきてるという気がします。

先ほどの丘とか、丘というのはヒルズであったり、ただ、大阪で言うと夕陽丘のように古い地名もありますし、京都では神楽岡とか、そういう流れもあると思います。東京と関西の違いでいうと、野というのがふじみ野であったり、東京の東急沿線の住宅地では、田園都市線なんかでは野という地名が多いのですけど、関西はそれが少ない。ただ、堺にちょっと出てきますね。だから意外と東京の影響が、南海沿線で受けてるのかなという気がします。それは恐らく武蔵野の影響かなという、東京の野が多いというのは、あると思いますけど、いずれにしても住宅地のイメージというのが一つのパッケージとして今、世の中に広がっていってるなという気がします。

以上です。

難波　私のところに来たもので、一番こちらの琴線に触れてしまったのは、「近鉄電車の車体に関学の宣伝・広告列車、アドトレインが出現してくれることを願うのみです、難波入試部長様」というのがありまして。そうなんですよね。近鉄というあたりが良いですね。先々週ぐらいに、三重県の津市での入試説明会に行ったんです。まだまだ関学の浸透度は低いのですが、中京圏へのとっかかりとしては可能性あるなぁとの手ごたえがありました。いきなり名鉄というわけにはいかないけど、近鉄でだんだん関学の宣伝をやっていって、名古屋まで行けないかなと、そんなことをちょっと思っています。

あと、もう一つ、広告媒体としての電車という話でさらに余談をしますと、ある時、東京に行ってびっくりしたことがございまして、山手線の電車を待っていると、阪急電車が来たと思ったんですね。実は、明治製菓のチョコレートの、一〇〇周年か何かの記念のアドトレインだったんです。明治のあの板チョコのパッケージで車両全体がラッピングというか、コーティングされていて、わりとマルーン・カラーに似ているので、本当にどう見ても阪急電車みたいなのが来たと。映画「阪急電車」の宣伝としても良いのではと、東宝の方に申し上げたことがありましたが、こういうのを何か大学の広報でもできないかな、とは思ったりもします。あと、関学創立一二五周年の二〇一四年が、ちょうど建築家のヴォーリズ没後五〇年なんで、何かできないかなとか、そんなことを個人的には考えておりますけれども、あんまり今日のお話とは関係ないので。もうちょっとまともなお話をさせていただくと、ご質問いただいた中で、阪急が品のよいというイメージが確立したのには、小林一三の存在感が大きかったのではないかとあります。確かに、南海だったら川勝（傳）さんになるんですかね、近鉄は佐伯（勇）さん、あと、阪神は小津家ですか、いや、野田誠三さんですね。そうした創業者や名物経営者と比べると、小林一三は文化人、茶人としても有名な方ですので、なるほどと思ったところがございます。

あと、関西、この先どうなるのかとか、関西の私鉄文化、鉄道文化はこの先どうなるのかとか、割と大きな投げかけが来ておりまして。確かに人口が減っていく以上、余り良い話もないのですが、ただこういうふうに、いろんな私鉄文化があるということでシンポジウムを開けるのは、やっぱり豊かな地域だなと、まずそれは再確認したいところがあります。学生に対して今日のような内容の授業をして、何か書かせてみると、関西の子が多い大学ですから、そうですよね、私鉄、いろいろカラーありますねという反応が多いんですけれども、中には他の地域から来てる人もいるので、私の地元で電車といえばJRですとか。もう少し都会であっても、名鉄、西鉄、一社しか私鉄がないから、私鉄の中で会社ごとの企業カラーがあるなんて思ってもみなかっただとか。逆に首都圏から来た子だと、今日の講義を聞いて、阪神は京急、南海は京成かなと思ったなどと書いてある。

一番感動したのが、阪急電車が非常に静かでマナーが良いという理由に関して、私の田舎では電車と言わずに汽車と呼ぶ、ディーゼルで走ってるから、どうしても音がでかいからみんな大声でしゃべるけれども、阪急は電車だから静かじゃないかというコメントがあったりして。関西に生まれ育ってしまったので、何となくこれが当たり前だと思っているけれども、それ以外のところから見ると、随分豊かなところなんだなと。それをどう守り、発展させていければという投げかけで来てるんだと思いますけれども、本当に皆さんのお知恵を拝借したいというか、どうして良いのかよくわからない。関西という名前を背負っている大学である以上、関西が栄えてくれない限りにはどうしようもないところがありますので、その辺、自分のテーマとしたいとも思っております。

あとちょっと思ったことなんですけれども、関西のさまざまな私鉄文化といったことを格別意識しない人たちも世の中にはたくさんいるなと。そういうことを考えるのは私鉄の沿線で、郊外に住んでいて、そこに定住してる人たちだけなのかもしれない。もっと大阪とか神戸や京都とか街なかに住んでると、別にどこの沿線ということじゃなくて、おれは京都人だ、大阪人だ、神戸の人間だという意識しかないと。郊外に行くとやっぱり路線というものの存在感が大きくなるのでは。もっと言うと、ＪＲしかないとか、クルマしか移動手段がないとか、そういう世界が広がっている中で、こんなふうに私鉄のいろんなカラーがあるということは、それが普遍的だというか一般的だと思ってしまうといけないところもある。だけど、一般的ではないからこそ、余計に貴重なものである、ではどうしたら良いのだろう……。これが今後考えたいテーマだなと思いました。答えが何もなくて、思いだけ繰り返して申し訳ないですね。

あともう一点だけ、ちょっと余計なお話をさせていただくと、鉄道を特集したテレビ番組でも、南海や京阪ネタだと視聴率がとれるというのは何故なんだろうと考えました。メディア・スタディーズ、メディア研究がもともと私の専攻なんで、今、テレビを見ているのは、どういう人たちなんだろうというのは非常に興味があります。私の出身が広告代理店だったこともありますし、在阪局で番組審議委員やオンブズマンをさせてもらっているのでいろいろ考えるんですが、視聴者のプロフィール・データみたいなのはあんまり公には出てこない。視聴者が高齢化している様子は調査で出てるんですが、階層と言ってしまってはいけないかもしれませんけれども、どういう経済状況の人がテレビをたくさん見ているのか、よくわからない。直感的には、どうもそんなに余裕のある層じゃないぞ、という印象があります。

以前『ヤンキー進化論』という本を出した時、キー局や広告代理店系のシンクタンクの方から反応がありました。今、テレビ見てるのは、お年寄りかいわゆる「ヤンキー」だけになっているのではないか、といった危機感をお持ちなのですね。まぁ、安いというか、基本的には無料ですよね、無料で享受できる娯楽であることを考えると、地上波放送を見ているのはお年寄りとヤンキーかな、と推測できるかもしれません。南海高野線育ちとしては、南海、京阪って、そういう土地柄だしなぁと思ったりもします。もうちょっと富裕層だったり、ホワイトカラーだったり、専門職だったりすると、三宅先生を除いてですが、パソコンやケータイ、携帯端末など、あっちにみんな行ってしまっているのではないでしょうか。けっこう、阪急沿線とかには、そういう人たちが多いかもしれないないなと。私は地元の小・中・高と公立の学校に行ってますから、中学時代の友達には商工自営が多いし、ニッカボッカはいてたり、地元のスナックとか好きだし、そういえばみんなテレビよく見てるよなと思います。なのでテレビで南海、京阪特集がうけるのはそこかなと思いました。阪急沿線などは逆に高級なクラスマガジンとか経済紙とか、そういうところでやるとうけるネタなのかなとちょっと思いました。それは本当にくだらない感想です。

山口　京阪と南海、そして阪急の違いについてですけれども、あくまで阪急沿線の住民の観点から考えると、つまり阪急沿線は自分でケーキを買いに行って食べるところ。京阪や南海については、要するに下町で、メディアを通して見て楽しむ場所という形になっているのかなという気がします。例えば『よ〜いドン！』という、朝一〇時からやっている番組の「となりの人間国宝さん」というコーナーがあります。ヤンキーだけではなく、学生たちも結構良く見ているようです。そして、阪急沿線に住んでいる私自身の私的な感想に過ぎませんが、以前に阪急の甲東園駅界隈のことをやっていたときに全然おもしろくなかったんですね。多分だれが見てもおもしろくなかったんじゃないかと思います。下町のほうが訪問先になるときはいつも、結構おもしろいという印象があります。自分自身が阪急沿線に住んでいるからかもしれませんが、メディアを通じて描かれる沿線や各駅の表現には一定の方向性があって、しかも、描いている人間が、仮に南海や京阪沿線ではなく阪急沿線の住民であるとすれば、他者としての南海・京阪沿線の方をこそ、おもしろおかしく描ける方法を持っているというようなことはないだろうか、と思いました。誰が、誰に向けて番組を制作しているのかが問題になると思います。

まじめな話というか、自分のネタのほうに話を進めさせていただきます。ちょっとテーマが硬かったかもしれませんが、「空間の再編成」というタイトルの意味を考えつつお答えさせていただきます。現在、グローバリゼーションということが進んでおります。グローバルに流通するお金にアクセスし、儲けを出していくための手段として何が必要かといったら、儲けを出せるような情報にいかに接するか、ということがすごく大事である。例えば大阪よりも東京に行かねばならん、あるいは郊外よりも都心に近いところに行かねばならんということがあるので、日本のレベルであれば東京一極集中ということが起こってくるわけですし、都市レベルであれば都心により近い場所に住む、そちらへ働きに行くということが起こってくると思います。

「阪急・京阪以外の私鉄系不動産企業で関東に行かねばならないものはないのか」という御質問がありました。阪急などとは別の理由で、例えば周辺人口の減少を長期的に経験しているであろう阪神なんかも厳しいように思われますが、現時点で一番厳しいのは、郊外で売れなかった土地を多数抱えている企業ではないでしょうか。京阪については詳細な情報も含めて今後調査する必要がありますが、関西から最初に出て行った近鉄というのは、多分、そこら辺の長期展望を考えて首都圏へ出て行ったのではないでしょうか。そして阪急についてですが、都心から離れた郊外を重視してきた企業というものが、逆に現在では都心回帰の流れを意識し、さらには東京のほうに頭をシフトさせる必要があるとすれば、そういう問題を抱えた筆頭格であるように思われます。

私の話は住宅地に関するものでしたが、「オフィスとか、あるいは商業地の開発についてはどのように考えられますか」というご質問もありました。特に首都圏について考えた場合には、例えば皇居の東部の大半を三菱地所が押さえてしまってるとかいろいろありまして、かなり参入するのが難しいということが一つにはある。もちろん有楽町のあたりは結構阪急が強かったりするわけですけれども。つまり、他方ではバブル崩壊がありまして、オフィス用であったはずの駅前の土地が非常に売れ残ったということがあるので、規制緩和によってタワーマンションが建つようになってきたということがあります。もともと関西の企業にとって首都圏の土地を取得するのが困難であり、かつ、現時点ではオフィスなどの需要がやや限定的であるという二重の意味で、東京都心部におけるオフィス・商業地開発への新規参入が難しいのではないかと思われます。

それと、これは私に対する質問かどうかわかりませんが、「阪急・阪神の統合について、長年のライバルがくっついたことの合理性とか、今後どうなるか、メリットはないか」という御質問をいただいています。根本的にあれは、五、六年前の「村上ファンド」の問題ですよね。つまり村上ファンドというのが入り込んできて、阪神の株を大量に買い占められてしまって、それで、首脳部が総取りかえさせられてしまうという危険性があった。そこで、たしか最初は京阪かどこかがその手を差し伸べようとしたと思うんですが、うまくいかなくて、それでライバルだった阪急が動いたということだったように思われます。つまり合理性とか、そういうことではなくて、助け、助けられたと、そんなことであったように思います。結局、相互の合理性というものはそれほど考えられることなく、とにかくお互いに生き残っていこうという、そんな話だったんじゃないかと思います。

私のほうからは、空間の再編成の一環としての都心回帰現象があって、阪急のように郊外に広大な土地を所有していない私鉄系不動産企業については、直接的な影響はないのであろうと思われるということで、最初の御質問に対する答えとしてはそのようなところかなと思います。

難波　車体のデザインに関するご質問もありました。もちろんそれも、路線イメージに影響してると思います。ですが、問題はそうじゃなくて、私の話としましては、車体ではなく、沿線の住民の話だということで、御理解いただければと思います。

あと話がずれてしまうかもしれませんけれども、おもしろいなと思ったのは、小林一三さんは別に関西の方じゃないし、佐伯勇さん、あの方も別に関西の方じゃ全然ないですね。四国から東京の大学に進んで、それから関西に移ってきた方だと思います。そのあたりにちょっと興味を持っております。戦前の大阪は、非常に栄えていたこともあって、別に東京に必ず行かなくても関西でも道はあるとみんな思っていたのかもしれないというようなことを、最近少し考えています。そして現在、むりに上京しなくても、全国どこからでも情報にアクセスでき、発信できるような通信インフラは整いつつある……。その辺にこれからの関西というか地方の可能性を感じたいなとは思ってます。

関係ない話を続けますと、私はやっぱりひねくれてるのか、二二の年までずっと関西にいた割には、就職で東京に出て行って、最初に住み着いたのが江戸川区小岩だったんですね。総武線の小岩です。東へ東へと向かい、そこに六年間住んで、後の六年間は巣鴨に住みましたから、東京の中心から北へ北へと向かって行ったと。私のこの行動は何だったんだろうと、今、思いながら聞いてました……。たんに家賃が安いところを求めたというのもあるんですが……。

三宅　やっぱり私、関西、質問のなかでも関西のこれからということがありましたけども、今、私も気になります。非常に今、大学、関学さんはわからないですけど、関西の大学って関西以外の学生が減っています。東大ですら、今、東京の地方大学になってると言われるぐらいです。都市の魅力というのは地方からたくさんの人が来て、人間が入れかわるという、そういう勢いというの、関西では考えなくてはと思います。私が気になるのが、大阪弁をしゃべれない人に冷たいと思います。地方から見れば東京のほうが非常に、外から入ってきたときにやりやすいという、何かそういう空気というのが出て、何かやっぱりそういう都市的なものというのは、結局、大阪財界といっても、結局は大阪商人といっても、その前はほとんどみんな近江商人なんですよね。そういう地方とのつながりということを関西自体が考えたい。すごく、逆に大きな田舎になってきてるという危機感があって。これは何か変に神戸の存在と大阪の存在が中途半端、もともと摂津の国で一緒だったので、一緒だったほうがよかったということもあるんでしょうけども、この私鉄の問題というのは本当、大大阪で、しっかりとした城下町大阪があって、その周りと、その二局というか、多層的な魅力でもってるところがあったんですけど、もうすっかり今、タワーマンションが都心に。今、本当に沿線とか郊外の危機ですよね。都心が、地価が下がってる分どんどん元気になってきて、ほっておくと本当に郊外志向があって成り立ってた郊外電車が、本当にこれから都心志向になっていくと、郊外のゴーストタウン化というのは始まってるわけですけども。電鉄という会社が一体、本当に社会資本を民間のビジネスでやってきたというところで考えると、また違う、新たな公共的な民間ビジネスということで、それが都心のマンション建設なのかもしれませんけども、構造的に都心志向になっていくなかで、少し関西がどうなるのかなって、本当に不安に思います。

難波　また変な話をしてしまうかもしれませんけども、関西の私鉄について書けという仕事が来ているが、他の仕事の方が先に進んでいるといったことを先ほど申し上げましたけど、関西の私鉄以外に、もう一つ自分の中に今テーマとしてあるのは、上京の歴史社会学といったことです。上京は東京に上（のぼ）る上京ですね、に関して考えるということをやっていまして、夏目漱石の『三四郎』とか石川啄木ぐらいから始まって、最近だとシャ乱Qに「上・京・物・語」という曲があったりとか、リリー・フランキーの東京タワーとか。山場は一九六〇年代、団塊の世代が、こぞって東京に出てくるような民族大移動があった辺りかと思います。

で、戦前のことを見ていると、何か本当に別に東京に行かなきゃどうしてもだめだというほどの感じがなくて、西日本だったら大阪に出るという選択肢があったり、もちろん東京に行かなきゃできないことはあるんだけれども、ある部分だと関西の方が豊かであったりとか、東京から関西への人の流れがあったと。

私は一九六一年生まれですので、よく覚えているんですけれども、水前寺清子さんに「東京でだめなら」という歌があったんですね、一九六〇年代終わりに。東京がだめなら名古屋があるさ、名古屋がだめなら大阪があるさと。ああいう能天気な歌が歌われていた頃と、今の閉塞感とを対照させてみたい。その閉塞感があるからこそ、大阪府知事（二〇一一年末には大阪市長になった方）が、副都心じゃなくて、もうおれたちは副首都になるんだと主張すると、物すごく人々にアピールするのかなと思ったりもしています。リニア新幹線ができちゃったら本当に副都心になってしまうのかもしれない。だけど別の、異質なものとして存在しながらも、東京を補完するような存在になるにはどうすれば良いのか……。というような大問題を私が答えられるわけないので、地理学者にお任せします。

山口　直接のお答えにはならないかもしれませんが、先ほどとは別の大事な質問があったので、それと関連させる形で話をさせていただきます。

何かというと、「阪急不動産の関東への進出というのはちょっと無理があるんじゃないか」という、そんな質問でした。関西において戦前から不動産開発をしてきたので、それは現代にマッチしないのではないか、ということを書いていらっしゃいます。もちろんそうではないと思います。関西の企業も、戦前から連綿と不動産開発を進歩させてきているので、現代にマッチしないということはないはずです。しかし、その辺の話に関係するんですけども、実は、東急不動産が一九七〇年に関西にやってきたときには、関東と関西の住み方が違うということがあったので、関西の住み方というものを研究しながら、住宅の建て方を変えて、こちらのほうに進出してきたということがある。東急不動産の社史にそのように書いてあります。

ところがこの前、阪急不動産の首都圏事業部で聞いた話では、阪急は「ジオ」というブランドを持っていて、それを東京に適応させることには何の問題もない、とおっしゃっていました。つまりジオというブランドと住居形態があり、それは東京でも大阪でも同じだということです。これはどういうことを意味しているのかな、と考えるわけです。以前に比べて日本全体が、もしかしたら世界中で、地域性というものが実はなくなってきているんじゃないかという気がします。つまり均質な世界になってきている。均質でどこに行っても同じように住めるということがあるんだったら、より情報が多いところ、より楽しいところを考えながら動いていく。ということは、別に関西じゃなくてもいいわけですよね。移動しやすくて、しかも楽しければいいということであれば、東京に行こう、ということが起こってくると。

そういうことを言ってしまったら、本当に身もふたもありませんけれども、だから逆に、対抗的に、この関西のいろんな文化ということをうたっている、うたう必要が出てきているのかもしれません。阪急につきましては、関西で培ってきたものを関東において一つの「売り」という形で使いつつ、もしかしたらこれからは関東の企業という顔も持ちながらやっていく可能性もある。そういう答えにさせていただきたいと思います。

司会　そうですね、じゃあ今の大きな話、すなわち、グローバリゼーションの中である種高度に産業化が進展しながら、それにともなって社会が均質化しているというテーマについて、均質性から話をひっくり返して、逆に異質性についてお尋ねしたいと思います。冒頭でぼくは、異質な他者がコミュニケーションをとる手段のメタファーとして鉄道に注目したとお話ししましたけれども、その異質な他者の間に、非対象性といいますか、不均衡があるときに、それが緩衝剤もなくバンとぶつかれば、競合が起こった後、一方が一方を搾取したり剥奪したり、そういった支配的な権力構造が必然的に発生するわけですよね。具体的に言えば、新幹線が通って有力な都市と地方が連結されると、地方の人がこぞって都市に出て行っちゃうとかですね。しかしながら、逆に、異質な他者であるからこそおもしろいというケースもあります。例えば近代化から取り残された地方の町が観光資源になったり。あるいは異質な他者であるからこそ、しがらみから解き放たれてつながれる場面もあります。そういう、異質な他者との出会いというのも、この先端社会研究所の大きなテーマになってるわけですけども、鉄道を通じて「異質な他者であるからこそおもしろみがある」というような夢のある話がもしあれば、お聞かせ願いたいなと思うんですけども、どうでしょう。

司会　島村さんどうでしょう。

島村　そうですね。阪急沿線って、「阪急文化」などといわれ、沿線文化が「モダニズム文化」的だということになっていますが、たとえば、同じ阪急でも、阪急京都線って、実はもともと「新京阪」だったわけですよね。京阪系の会社ですね。それが戦争末期に統合されるわけですよね。近鉄とかもそういう形でいろいろな私鉄を統合してできたと思うのですけれど、私鉄の歴史というのは、もともと異質な社風や沿線文化だったものが、統合されていつの間にか一つの私鉄となって、それがこんどは一社全体で一つの沿線文化を発信しはじめる、あるいはそのように見える、というようになっていることが少なくないのではないでしょうか。異質だったものがくっついて、近鉄なんかもいろんなものをつなぎ合わせて大きな「近鉄」になったとか。それを考えると、はじめ、異質なものがくっついたのだけれども（中心的なものはもともとあって、そこに異質な別のものがまきこまれたということでしょうけれど）、しかし、いつの間にか六十年、七十年と経過したら一元的（に見える）「阪急カルチャー」「近鉄カルチャー」になっていたみたいなのもあるのかな、あるいは、一見、そのようには見えるけれども、いまでも実はよく見ると、「いくつもの阪急カルチャー」「いくつもの近鉄カルチャー」というように、実は「阪急」「近鉄」の中にも（もちろん他の会社も同様ですが）、沿線カルチャーの複数性、多元性が読み取れる場合があるかもしれないなとも思いました。

三宅　あの路線でよく感じるのが、よく学生が摂津富田と摂津本山が何で一緒なんだろうということをよく言うのですけども、いわゆる摂津の国なんですけどね。北摂と阪急沿線ってすごく似たように議論されるんですけども、もとは一緒です。なじみがあります。でも、阪急自体も、何か今、神戸線が本流のような顔をしていながら、神戸線ができるのはかなり遅いわけです。阪神が先にできたわけです。実際、阪急って巧みだなと思うのは、実際に本線というのは宝塚です。ところが今、東京のイメージではすっかりもう神戸線という。実は摂津や北摂というつながりなのか。本当は阪神間って阪神の、おひざ元ですよね。それがすっかり阪急にかわってしまっているような、非常におもしろい変遷があるなという気がします。

さっきの他者ということで考えると、関西人はわからないのかな。結局、阪神間のモダニズムを書けたのは谷崎潤一郎しかいなくて、いわゆる東京の下町で育った人です。どっちかというと郊外の、発達してなかった東京からこっちに来て、それでもって書けたという。なかにいる人というのはやっぱり、まだまだ見れてないのかもしれないので。結局そういう交流がないと、発信性とか魅力というのも地域資源化されていかないのかもしれませんが。

質問でもちょっとあって、さっき答えられていなかったんですけど、私がモダニズムとクラシックという言葉をどういうふうに使い分けてるかということで。これ、東京との違いというのは、郊外化が近代の時代にあった関西と、それよりもおくれる東京でかなり都市の特質というのが違って、結局、大阪郊外というのは、これ近鉄沿線も南海沿線も阪急も阪神も、非常にモダニズムの時期に通ったことによってモダニズムの資源がある。今、阪神間について評論家の河内厚郎さんは、「モダニズムの古都」という言葉を使ってるんですけども、モダニズムのいわゆる古都。初めはぴんと来なかったのですけども、いわゆる日本でモダニズムの都市というのは、意外となくて、武家屋敷の敷地があったおかげで郊外化がおくれた江戸に対して、やっぱり唯一モダニズムの時期に開発された場所を残している。ここなんかまさにそうだと思うんですけども。そういうことを少し、もう少し発信していくことによって、東京の構造とは全く違うという、江戸東京論とは違う大阪私鉄沿線論みたいなものをしっかり構築して、東京に発信して、全然やっぱり構造が違って、資源の蓄積というのがあるという気はしますね。まだ、だれか東京から来て、見ていただきたいなとは思いますけども。

難波　異質な人との出会いということで言うと、東京の方がかなりすごいことが起こっているような気がしてしようがないです。東京に行くたびに、地下鉄の相互乗り入れが進んでいくし、いろんな線がいろんな形でくっついていって、田園都市線から半蔵門線に入れば、東武伊勢崎線ですか、に繋がっていったり、もう少しすれば、東急の東横線に乗っていったら、副都心線に入って西武につながっていく。全然カラーが違うはずの路線とか企業同士が相互乗り入れして、一本の線になっていくような現象がどんどん東京で起こっている。ちょっと気になるところではあります。

均質化ということで言うと、そういう形で相互に乗り入れが進んでいる首都圏の方が、これからどんどん進むかもしれない。だからこそ、ターミナルを残して、あんまり相互乗り入れしないような関西のあり方が、それこそモダニズムというか、モダンなことを早くに始めて、そこで時間がとまってしまったがゆえに、今、逆に新しいみたいな、そういう変な逆転現象がこれから期待できるかなと、「モダニズムの古都」というキーワードから触発されました。

都市の再開発を見てても、東京の場合、本当に根こそぎ都市の記憶を全部掘り起こして、ひっくり返して、何もなくしてしまうような感じがありますけど、関西だとそこまでやりきるパワーがないのかもしれない。梅田の操車場の跡がどうなるかわかりませんけれど、汐留なんてもう、汐留の操車場があった頃の記憶って、誰もおぼえてないように思うのですが、関西だと、昔のものがちょこっと残りつつ、それにいろんなものが重層していく感じはあります。ヴォーリズの建築の話で言うと、普通、東京だったら大丸の心斎橋店なんか壊してますよね。その辺りが、これから可能性があるとすれば、関西の可能性なのかなということを、お話を聞きながら思いました。

あと、谷崎だけが関西のモダニズムを書けたという話で言うと、南海の沿線で考えると、織田作之助が一時住んでいたのが南海高野線の北野田。織田作の再評価があったら、また南海沿線も浮上するかなとか、ちょっと思ったこともありますけれども、それは余計な話です。織田作之助もそうやって大阪の南に住み続けていながらけっこうモダンだったりもするし……。本当にモダニズムの古都というのは、良いキーワードをもらったと思いますし、ここなんかはそれで頑張らなきゃしようがない大学だと思っていますので、何かとてもインスパイアされました、ありがとうございます。

三宅　オープンキャンパスなんか各学校でやるよりも、阪神間で協力して、都市の魅力を伝えていきたいと思います。例えば、関西学院や神戸女学院のヴォーリズ建築にしても、もちろん武庫川女子大学の旧甲子園ホテルにしても、まず阪神間に来てもらわないといけないので、それはもう本当に何か合同でオープンキャンパスをやって、こういうモダニズムの都市があるということを、全国に伝えていきたいと思います。京都はそれをしているように思います。しかし私も不思議に思うのは、神戸にとっては関学が出て行ってしまったことは、すごいもったいないことですね。済みません。

難波　確かに、神戸女学院と言いながら西宮にあったりとか、最近「ハルキとハルヒ」みたいな朝日新聞夕刊の連載もあったりして、いわゆるコンテンツ・ツーリズムみたいなところに期待しています。映画「阪急電車」もそうなんですけれども。先ほどからヴォーリズ、ヴォーリズと言ってるところにも、ちょっとそれがあります。「けいおん」というアニメがあって、近江八幡のヴォーリズが設計した小学校がモデルになってるとかいないとか、けっこう聖地化されてるようなことがあると。モダニズムの古都、モダニズムの聖地として、この辺りのイメージが形成されていってほしいなとは思うんですけれども、なかなか発信力がなくて……。脚を運んでもらったらその良さがおわかりいただけるんですが、脚を運んでもらうところまでもっていくのが大変です。

山口　そろそろ締めていかなければならないと思うんですけれども、先ほど世界が均質化してくるなんていう、やや難しいことを申し上げました。関西でちょっとおもしろいかなと思うのは、例えば隣接市町村同士で、仲がよくないとか、そんなことがあったりするんですよね。あるいは先ほど川島先生がおっしゃってましたけども、鉄道の相互乗り入れなんかがやっぱりうまくいかない部分があったりするという、お互い頑固な部分があるということがあって、それが救いになるのか、あるいは足かせになるのかはわかりませんけれども、もしかすると、これもまた私鉄がつくってきた文化による頑固さなのかなという気が、しないでもありません。

例えば、一九六〇年ぐらいだったと思うんですけども、尼崎市を中心に、伊丹市、西宮市、宝塚市の間で「大阪神市構想」というのがあったんです。つまり神戸と大阪の間にもう一つ政令指定都市規模の、人口一〇〇万人単位の都市をつくるという計画があったんです。が、当時、尼崎市が、公害のことでイメージがダウンし始めていた。一九六〇年頃には主要なエネルギー源が石炭から石油に変わって、それでぜんそくが増えてくるという、エネルギー革命の時期に当たります。尼崎市は当時工業生産が大きくて、儲けが出ていたはずですが、イメージが悪化する時期に当たるということもあったわけです。周辺にありました西宮市とか宝塚市とか伊丹市ですけれども、まだ住宅地開発がそれほどには進んではいなかったので、多分、財政規模もそんなに大きくはなかったはずです。財政ということを考えれば、尼崎市にくっついたら有利だったはずなんです。また、尼崎市のほうが一生懸命、市議会の座席なんかを用意しておいて、各市を合併するということを想定していたそうなんですね。しかし伊丹市などから、「いや、やっぱり合併しない」という形で反対の意見が突き返されてくるなんていうことがあった。これは推測ですけども、つまり、連綿と私鉄などがつくってきた沿線文化、地域文化というものがあって、それがこうした話にも影響しているのではないでしょうか。では、こうした文化は今後、どのように変化していくのでしょうか。我々は本当におもしろい場所に住んでいるな、ということを思っております。

司会　貴重な御意見、どうもありがとうございます。

それでは、議論も尽きないところではございますけれども、ちょうど時間となりましたので、本日のシンポジウムそのものはこれで終わりたいと思います。長丁場でしたけれども、おつき合い、どうもありがとうございました。改めてシンポジストの皆さんに温かい拍手をお願いいたします。

あとがき

島村恭則

本書は、関西学院大学先端社会研究所が二〇一一年一〇月一日に実施したシンポジウム「関西私鉄文化を考える」の内容をもとに再構成したブックレットである。

関西学院大学先端社会研究所は、二〇〇三年度から二〇〇七年度の五年間に文部科学省から助成を受けた二一世紀COEプログラム「『人類の幸福に資する社会調査』の研究――文化的多様性を尊重する社会の構築」の後継事業として、関西学院大学が二〇〇八年に設置した全学組織の研究所である。その活動の目的は「他者」問題の解明を通じて学際的で先端的な社会研究を推進することにあり、主な事業内容は、「他者」問題に関する学際的な共同研究の遂行とともに、それと有機的に関わるかたちで実施される国際交流活動、大学院生教育や若手研究者養成、データベース／アーカイブ事業、学術研究成果の社会への還元などである。

このうち、最も基幹的な事業が共同研究活動であり、二〇〇八年度から二〇〇九年度には共同研究「戦争が生み出す社会」を、また二〇一〇年度から二〇一一年度には「共生／移動」「景観／空間」「セキュリティ／排除」という三つの共同研究を実施してきた。

それぞれの共同研究の成果は、『関西学院大学先端社会研究所紀要』をはじめとする刊行物等で公開されることになっているが、今般、専門的な研究報告とは別に、共同研究の成果をふまえつつ、一般向けに広く関心を呼ぶ素材を取り上げて公開シンポジウムを実施しようという声が「共生／移動」「景観／空間」「セキュリティ／排除」各プロジェクトの代表者の間であがり、今回のシンポジウムを構想するに至ったものである。

こうして企画されたシンポジウムのパネルディスカッションには、パネリストとして、「景観／空間」から同プロジェクト代表の山口覚が、「セキュリティ／排除」から同じく難波功士が、そして「共生／移動」プロジェクトからは島村恭則がそれぞれ登壇するとともに、学外から、阪神間の文化に造詣の深い三宅正弘武庫川女子大学准教授にご登壇をお願いした。

また、パネルディスカッションに先立って、基調講演を行なうこととし、鉄道アナリストの川島令三氏をお招きし「便利になった反面遅くなっている関西私鉄」というタイトルでご講演をいただいた。本書では、パネルディスカッション本体のみを編集、再構成の対象としたため川島氏の基調講演（およびそれにもとづくその後のディスカッションでのご発言）は収録していないが、多忙な中、基調講演をお引き受けいただき、たいへん興味深いお話をしてくださった川島氏に心よりお礼を申し上げたい。

以下、当日のプログラムを掲げておく。

二〇一一年度関西学院大学先端社会研究所シンポジウム
「関西私鉄文化を考える」
二〇一一年一〇月一日（土）一三：〇〇～一七：三〇
関西学院大学西宮上ケ原キャンパスG号館二〇一号教室
総合司会　金　明秀　先端社会研究所副所長

◆第一部　基調講演
「便利になった反面遅くなっている関西私鉄」
川島令三（鉄道アナリスト）

◆第二部　パネルディスカッション
「ケーキ・ホテル・プロ野球から阪神間を読みとく」
三宅正弘（武庫川女子大学生活環境学部准教授）
「『学園前』と『学研都市』─丘陵開発をめぐる〈民〉と〈官〉─」
島村恭則（先端社会研究所所長／関西学院大学社会学部教授）
「路線間イメージ格差を考える─南海電鉄を中心に─」

難波功士（関西学院大学社会学部教授）
「関西私鉄系不動産事業の変化と空間の再編成―阪急不動産を中心に―」
山口　覚（関西学院大学文学部教授）

フロアとの質疑応答

シンポジウムには、一五〇名近い一般参加者の皆様にご来場いただき、フロアとの質疑応答も活発に展開された。紙幅の都合で質疑応答のすべてを本書に収録することはできなかったが、フロアでご発言いただいた参加者の皆様、シンポジウムにご来場いただいた皆様に厚く御礼申し上げる。

最後になるが、本書の編集は、関西学院大学出版会の田中直哉氏と浅香雅代氏にご担当いただいた。年度末の多忙な時期に丁寧な編集をしていただいたことに深く感謝したい。

世紀を超えて』（世界思想社、2010 年）、『ヤンキー進化論——不良文化はなぜ強い』（講談社新書、2009 年）、『創刊の社会史』（ちくま新書、2009 年）、『族の系譜学——ユース・サブカルチャーズの戦後史』（青弓社、2007 年）など。

山口　覚（やまぐち　さとし）
関西学院大学文学部教授。博士（地理学）。専門は、社会地理学、都市生活、移住。これまでは農山漁村から都市への出郷者を主な対象とし、人々の移動形態や都市でのパーソナル・ネットワーク、アイデンティティの編成に関心を持ってきた。最近では系図学（先祖調査）の世界的なブームについて調べている。超高層マンションの増加に見られるような近年の都市景観・建造環境の変容にも関心がある。主な著書は『出郷者たちの都市空間——パーソナル・ネットワークと同郷者集団』（ミネルヴァ書房、2008 年）など。

[執筆者紹介]

金　明秀（きむ　みょんす）
関西学院大学社会学部教授、関西学院大学先端社会研究所副所長。博士（人間科学）。専門は、社会階層論、社会意識論、社会調査。量的データの統計解析を通じて社会階層論（民族的階層化）と社会意識論（ナショナリズム、差別意識）に取り組んでいる。これらを通じ、社会的不平等と、その不平等を超克するうえで重要な役割を果たすコレクティブ・メンタリティの動態に関心を注いでいる。ここ数年は観光や交通にも関心が広がりつつある。主な著書は『在日韓国人青年の生活と意識』（東京大学出版会、1997年）、『日本の階層システム6　階層社会から新しい市民社会へ』（東京大学出版会、2000年）、『現代高校生の計量社会学――進路・生活・世代』（ミネルヴァ書房2001年）など。

三宅　正弘（みやけ　まさひろ）
武庫川女子大学生活環境学部准教授。博士（工学）。大阪大学大学院博士課程修了。京都大学大学院修士課程修了、関西大学工学部建築学科卒業。都市計画事務所から徳島大学助手を経て現職。著作は料理から建築・都市計画、ケーキ等身近な題材からまちづくりを提唱する。昨年は365日連続、47都道府県365店のカステラを味わいながらの、「平成日本の街研究」、またスイーツ研究でも知られる。著書に『甲子園ホテル物語――西の帝国ホテルとフランク・ロイド・ライト』（東方出版、2009年）、『神戸とお好み焼き――まちづくりと比較都市論の視点から』（神戸新聞総合出版センター、2002年）、『石の街並みと地域デザイン　――地域資源の再発見』（学芸出版社、2001年）、『遊山箱 節句の弁当箱』（徳島新聞社、2006年）。

島村　恭則（しまむら　たかのり）
関西学院大学社会学部教授、関西学院大学先端社会研究所所長。博士（文学）。筑波大学大学院博士課程歴史・人類学研究科文化人類学専攻単位取得退学。国立歴史民俗博物館民俗研究部助手、秋田大学准教授を経て、現職。専門は、民俗学、社会史。とくに、日本をふくむ東アジアの都市民俗、文化的多様性に関して研究。著書に、『〈生きる方法〉の民俗誌――朝鮮系住民集住地域の民俗学的研究』（関西学院大学出版会、2010年）、『日本より怖い韓国の怪談』（河出書房新社、2003年）、『物と人の交流』（共著、吉川弘文館、2008年）、『越境』（共著、朝倉書店、2003年）、『近代日本の他者像と自画像』（共著、柏書房、2001年）など。

難波　功士（なんば　こうじ）
関西学院大学社会学部教授。博士（社会学）。東京大学大学院社会学研究科修士課程修了。専門は広告論、メディア史、ユース・サブカルチャーズ史。主な著書に『人はなぜ〈上京〉するのか』（日経プレミアシリーズ、2012年）、『基本の30冊シリーズ　メディア論』（人文書院、2011年）、『広告のクロノロジー――マスメディアの

関西私鉄文化を考える

2012年3月31日初版第一刷発行
2013年4月30日初版第二刷発行

著　者　金明秀・三宅正弘・島村恭則・難波功士・山口覚

発行者　田中きく代
発行所　関西学院大学出版会
所在地　〒662-0891
　　　　兵庫県西宮市上ケ原一番町1-155
電　話　0798-53-7002

印　刷　大和出版印刷株式会社

Printed in Japan by Kwansei Gakuin University Press
ISBN 978-4-86283-116-3

http://www.kwansei.ac.jp/press

※本書は、二〇一一年一〇月一日、関西学院大学西宮上ケ原キャンパスにて「関西学院大学先端社会研究所」主催により開催されたシンポジウム「関西私鉄文化を考える」の記録を補正・加筆したものです。